VINLAND
SAGA 5

29
Vater und Sohn

ZASCH
ZASCH
ZASCH
Ostengland
Danelag (unter dänischer Herrschaft)
Hauptquartier der dänischen Truppe
in Gainsborough
Ist König Sven wach?
Er frühstückt gerade.
Ihr wartet hier.

TAUK
TAUK
Verstehe.
Knut ist also tot.
Nein, um genau zu sein, ist er verschollen.
Ragnars überlebende Männer kamen heute Nacht mit der Meldung zurück.

400 Mann unter Ragnar versuchten, Prinz Knut im Wald von Marlborough zu retten, und kämpften gegen Thorkells Truppe.
Dabei wurden das gesamte Schlachtfeld in Brand gesteckt und die Truppe vernichtet. Seither ist keine Spur vom Prinzen zu finden.
Ah...
Thorkells Leute haben ihn nicht in ihrer Gewalt?
Nein.
Unsere Boten haben Thorkells Truppe danach zwei Tage lang ausgespäht.
Beim Feind war der Prinz nicht zu sehen.
Hm.
Vielleicht hat er überlebt und wartet in England auf Hilfe. Aber er ist unauffindbar...
Außerdem müssten wir bei dem Schnee...
... bis zum Frühjahr warten, selbst wenn wir ihn retten wollten.

Mein herzliches Beileid, Eure Majestät...
Hm...
... Angenommen, Knut...
... wäre ein Mann von Format, der seinen Bruder Harald überträfe...
... dann wäre er bestimmt nicht verschollen. Ist doch so, Floki, oder?
Jawohl...
Diese Angelegenheit ist bedauerlich...

Ah...
SEUFZ
Es schneit...
Der Krieg geht zu Ende...
Wie traurig...
O Winter, du frierst auch das Herz eines Kriegers zu...
O Winter...

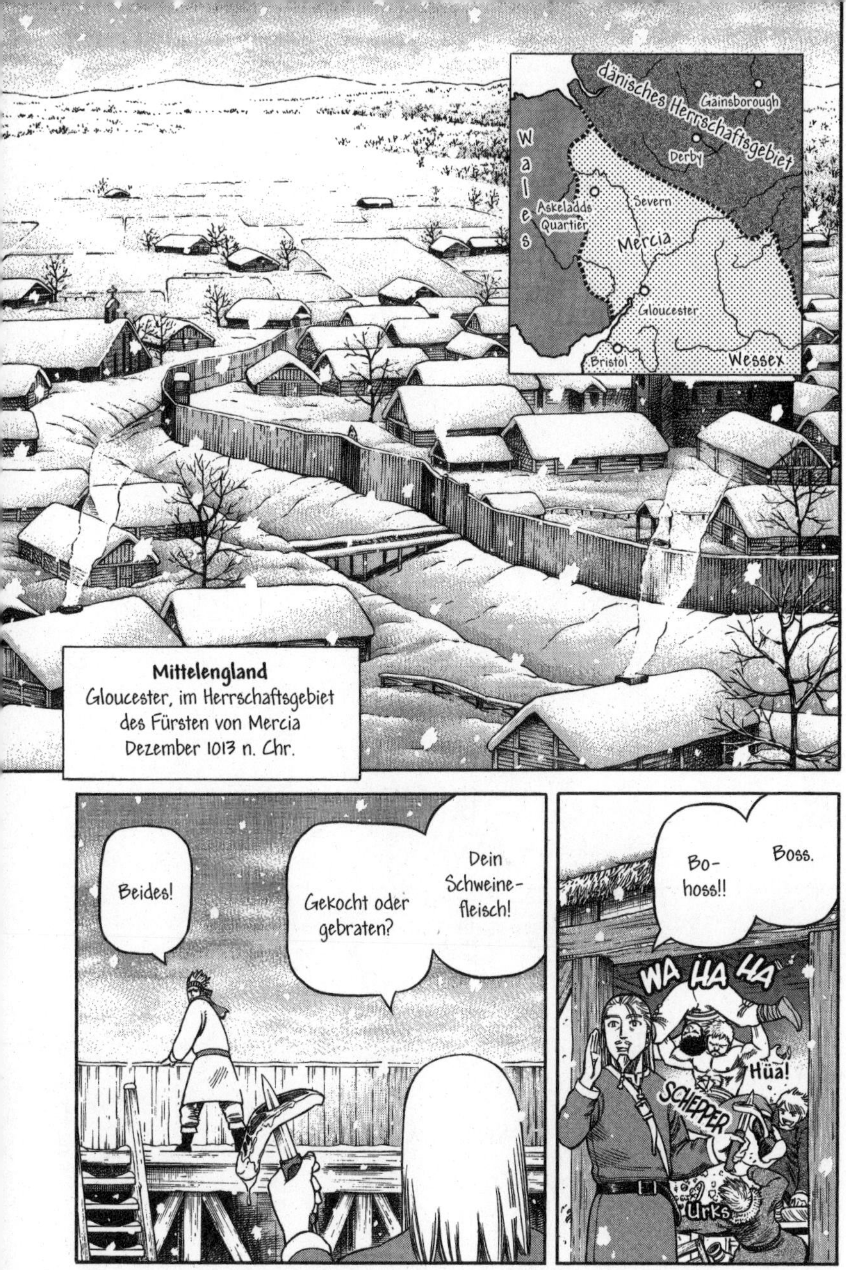
dänisches Herrschaftsgebiet
Gainsborough
Derby
Wales
Askeladds Quartier
Severn
Mercia
Gloucester
Bristol
Wessex
Mittelengland
Gloucester, im Herrschaftsgebiet des Fürsten von Mercia
Dezember 1013 n. Chr.
Boss.
Bo-hoss!!
WA HA HA
Hüa!
SCHEPPER
Urks
Dein Schweinefleisch!
Gekocht oder gebraten?
Beides!

HA HA
Ausziehen!
Mehr Wein!
So klein!!
Ja, los!!
Töten!!
Stirb!!
Ent-schul-digt.
HA HA
SCHNARCH
Halt's Maul!!
HA
HA
GLUCK
SCHEPPER
Bäh
HA HA HA
Los!
WAK
MAMPF
Das hast du verdient!!
HE HE
Hie genn auch rai...
Pass auf!!
Da ist dein Gesöff!!
KLIMPER
HAMM
Aaaah!
Fiemlich fwerfhaff, dach her Frinz...
Du bist so was von tot!!
Aaautsch!!
Na los!!
Red nicht mit vollem Mund.
Jepp.
CHRRRR
SCHLUCK
Uff...
KLIRR
Wie dem auch sei...
He! Wessen Ohr liegt hier?
HA HA HA

Schade, dass der Prinz abgehauen ist.
Er war ein Feigling, aber wir hätten ihn gut einsetzen können.
Wah! Mein Ohr ist weg!!
WAAAAAH
Verreck!
Aha?
Und wofür?
Prost!
KRACK
HAHA
GAH
Beispielsweise...
Autsch!
... um ihn auf den Thron zu setzen und eine neue Ära einzuläuten...
... oder um von König Sven Lösegeld zu erpressen.
Uah!
Wer hat diese Axt geworfen?!
Wäre schon hilfreich – selbst wenn wir nur neue Truppen aufbauen.
Schließlich gehört er zur Königsfamilie.
Verstehe.
Wenn du im Mittelpunkt stehst, wird die Truppe gewiss mächtig, Thorkell.
Du da! Magd!!
Irre!
OOOOH
Ja?
Iek!
Das Bier ist alle! Bring ein ganzes Fass!!

Schneller, schneller!
Noch ein Fass Bier, bitte!!
Die Suppe ist fertig!
Noch eins?! Scheiße!!
WAAAAH
ZISCH
Hilfe!
TAPP TAPP TAPP
Beeilung!!
QUETSCH
TRAPPEL
KNISTER
TSCHAK TSCHAK
Königliche Hoheit! Das Pökelschwein ist alle!
Wir haben kaum noch Wein!
Holt was aus den Nachbardörfern!!
Wer weiß, was die tun, wenn sie nicht satt werden?!
Diese verfluchten Schurken von Thorkell…
Pökelschwein, Wein und…
Will er uns denn alles wegfressen?!
Mist… die Wurst ist auch fast alle…
Das schaffen wir nicht mehr.
Kannst du nicht dafür sorgen, dass sie verschwinden?
Wenn ich das könnte, hätte ich es längst getan!!

Das ist doch die reinste Ausbeutung...
Sind die wirklich auf Englands Seite?
SCHLUCHZ
HEUL
Heult nicht!!
Warum zum Henker müssen wir die Dänen versorgen...?
Diese lästigen Schmarotzer...
Wie kann ich sie nur loswerden...?
Wenn wir den Prinzen ohnehin verlieren, hätten wir ihn auch den Engländern geben können.
Er ist tot!
HA
Edmund hätte ihn bestimmt für seine Strategie benutzt.
WA HA
GAAAH
KLIRR
Das Land schwächelt in letzter Zeit. Hier fehlt der Wille zur Tat.
WACK
?
Was ist?
HE HE HE
Ich verstehe dich nicht, Thorkell.
Wenn ein Krieg zu Ende geht, versuchst du, alles durcheinander-zubringen, um ihn kräftig anzufachen.
HI HI HI
Stich zu!!
Ist doch klar, Mann.
KLAPPER
Töte ihn!
Wir sind Krieger!
WUMM
KLAAATSCH

Ein Fisch braucht Wasser.
Und ein Krieger braucht Krieg.
Ich scheue keine Mühen, um den Krieg in die Länge zu ziehen.
HMPF
Aller-dings...
... habe ich von den Priestern ein übles Gerücht gehört.
AHA HA HA
Auf der Zusammenkunft der Weisen in Wessex...
... soll König Sven offiziell zum Bretwalda von England ernannt werden.
Komm schon!!
Mein Ohr!
Dafür ist die Zusammen-kunft ge-plant.
Meine Augen! Uaaah!!
WÜRG

Ernsthaft?
... Was? Also die totale Kapitulation?
Hä?
Dänemark
Nordmeer
England
Genau. Die Dänen schlucken ganz England.
Die englischen Adligen wollen den Krieg schnell zu Ende bringen. Dafür sind sie bereit, sogar die königliche Gewalt aufzugeben.
Autsch
Wow!
Argh ...
Warum werden schlechte Vorahnungen immer wahr...?
KNIRSCH

Was tun wir, Boss?
Wollen wir einen Selbstmordan-schlag auf das Hauptquartier von König Sven ausüben?
HA HA
Ja, Treffer!!
HAHA HA
Prost!!
Du Idiot!!
Ich liebe Krieg, aber ich hasse es, zu verlieren!!
WAH
Wenn, dann muss ich gewinnen!!
Wenn ich Knut hätte, hätte ich den als Geisel benutzen können...
... und vieles mehr...
Warum habe ich Ragnars Truppe aufgerieben...?
Oje...
Ist das langweilig...
Die ganze Welt sollte Krieg führen...

Eine Tote
auf der Straße?
Sie trägt
einen Ring.
Vielleicht ist
sie aus einer
wohlhabenden
Familie.
Die Arme...

Ich nehme den Ring mit. Vielleicht verrät er uns, wer sie ist.
Gib's zu: Den willst du doch nur klauen.
ZUCK
Ungh...

Alles in Ordnung, Ohr?
Nö! Meine ....
...Lauscher frieren ab.
Ein bis zwei Meilen südwestlich jault ein Wolf.
Was weiter weg ist, weiß ich nicht.
He, ich bitte dich, Meister.
Dein Ohr ist unser Ein und Alles.
Im Norden vom Herrschaftsgebiet des Fürsten von Mercia, bei dem Dorf, in das Askeladds Truppe eingefallen ist Dezember 1013 n. Chr.
Der Schnee saugt Geräusche auf.
Bei der Menge höre ich nicht so weit.
Verlass dich nicht zu sehr auf mich.

Dann tu was gegen sie.
Die sehen überhaupt nicht aus wie Bauern.
FOSCH
Trotzdem bist du viel besser als Späher.
So machen wir uns nicht bemerkbar.
»Vergib uns«?
Ich kann das nicht leiden.
Pass auf unsere ...
... Gäste auf. Damit niemand dort auf blöde Ideen kommt.
Binde sie am Baum fest.
Müssen Christen ihren Gott jedes Mal um Vergebung bitten, wenn was passiert?
Was hat man von so einem lästigen Gott?

FWOOOH
Vater unser...
... der du bist im Himmel.
Führe die Seelen der Bewohner zu dir in den Himmel.
Rette die Seelen derer, die sie getötet haben.
Und vergib uns unsere Schuld.

Pah.

Das ist doch doof!

Die haben jetzt doch keine Zeit, um für andere zu beten.

...
Vater unser...

Erreicht dich...
... meine Stimme überhaupt?
Vater unser...
Du hast uns nach deinem Ebenbild erschaffen.
Doch hast...
... du uns deine Macht nicht verliehen ...

Die ist es, die wir am meisten brauchen.
Die hast du Adam nicht verliehen.
Pater?
Ähm...
Vater unser...
... weshalb erlegst du uns solche Prüfungen auf?
Du liebst doch alle gleich, Gut und Böse.
Weshalb also stellst du unsere Kräfte auf die Probe?

Vater unser.
Erreicht dich meine Stimme überhaupt?
Vater unser.
Ich...
... zweifle deine Liebe an.
Hör auf!!

...
Du zweifelst an unserem Herrn...?
Und du behauptest, Christ zu sein?! Schäm dich!!
Niemand darf an der Liebe Gottes zweifeln!!

...
Es gibt ...
... keinen Vater, der seine Kinder...
... nicht liebt!

Königliche Hoheit...
FLAPP
WOSCH
Ah...
Wa... Wartet.
WOWOSCH
WOSCH
Es ist tragisch...
... mein Prinz...
...

Vater...

Eine Truppe Dänen?
Unsinn.
Doch.
Das hat der Bote uns gemeldet.
Die Truppe hat ein kleines Dorf am Oberlauf des Severn eingenommen.
Der Landesherr bittet Euch um Unterstützung...

Den Aussagen der Überlebenden nach soll die feindliche Truppe etwa 100 bis 200 Mann stark sein.
Und, ähm, also... wir...
... bitten Euch, den berühmten Feldherrn Thorkell...
... aufzubrechen und diese zu bekämpfen...
Hehe...
... Was meinst du?
Keine Frage.
Kaum eine dänische Truppe hält sich um diese Jahreszeit an so einem Ort freiwillig auf.
Hmm...
... Nicht übers Meer, sondern über Land nach Gainsborough...
Doch der Schnee hat sie aufgehalten und sie ruhen sich wohl aus...?

SCHNARCH
CHRRR
GAAAAAH
PENN
Wir können uns fast sicher sein...
Ja, das ist mehr als nur sicher.
Thorfinn und...
... Knut!
Okay, weckt alle Mann! Macht euch abmarschbereit!
Und...
He, du.
... Jawohl!
Wir brauchen Proviant für unterwegs.
Für 500 Mann für fünf Tage!
Was?!
Fün...
Nein!

Ende des 29. Kapitels

...
... Tss.

30 Die Mahlzeit von Herr und Diener

SSSSCHT
Gesicht nach vorne, nur aus den Augenwinkeln gucken.
Hinter dem Bach, im Nadelwald.
DAMPF
SSSSCHT
Ohr, wie viele sind es?
Keine Ahnung.
50, 100 oder noch mehr...
Sie schleichen am Wald entlang nach Osten, um uns zu umzin-geln.
Sieht nicht so aus, als würden sie uns gleich angreifen.

Die haben uns früh gekriegt.
Haben wir was falsch gemacht?
Wer weiß.
Jedenfalls haben wir keine Wahl mehr.
So, fertig.
TACK
TACK
TACK
TACK
Ab-marsch?!
Heute Nacht?! Das ist unmöglich!

Wir haben nur zwei Schlitten! Mit dem dritten haben wir gestern angefangen.
Gute Arbeit.
Mach den dritten bis heute Abend fertig. Die nicht umgebaute Karre lassen wir hier stehen.
Das geht nicht! Wir haben nur zwei Handwerker! Außerdem fehlt Werkzeug!
Die englische Truppe hat uns aufgespürt.
Wir haben keine Zeit zu verlieren.
... Hä?!
Aufge-spürt?!
Ja, die stapfen durch den Schnee.
Sie müssen uns sehr hassen.
Vermutlich warten sie auf Verstärkung. Deshalb greifen sie nicht gleich an.
Also schnell! Sonst kommen wir hier nie weg.

Verstanden? Also los!
Ich schicke euch ein paar fähige Leute nach.
Björn. Lass unsere Männer einen Gegenangriff vorbereiten.
Die Anführer will ich lebend. Ich will wissen, wie sie uns aufgespürt haben.
Geht klar!
Ah, warte, Björn.
Noch was.
Das ist eine gute Chance.
Wir starten den Plan.

Was?!
Die haben uns schon?!
Wahnsinn! Und das bei dem Schnee?!
Das sind doch sicher nur Wölfe?!
Das sieht nicht gut aus.
Was soll's. Die Engländer sind doch schwach.
Ja, aber das meinte ich nicht.
Ich meine Askeladds Glück.
Erst der Schneefall, jetzt das.
ZIEH
Noch nie sind seine Pläne so durcheinandergeraten...

WUPP
ZUCK
ZUCK
HÜPF
HÜPF
HÜPF
WUAFF

Iiiek!
DOSCH
WOFF
WOFF
Fiep
WOFF
Ah! Ein schöner Hase!
Hast du den erlegt, Thorfinn?

Dein Abendessen?
Isst du immer allein?
...
Wirst du ihn braten?
Was geht dich das an?
Nerv nicht!
Nur Fleisch ist nicht gut. Koch ihn mit Gemüse.
Das Fleisch macht selbst älteren Kohl etwas schmackhafter.
Ohne Gemüse verlierst du Kondition. Um diese Jahreszeit musst du besonders aufpassen.
Gib mir den Hasen. Ich mach dir eine Suppe.
Vergiss es!
Ich entscheide, wie ich was esse.

Komm rein.
Irgendwo brauchst du doch eine Feuerstelle?
Dann kannst du doch diese hier benutzen.
Königliche Hoheit.
Es gibt Saubohnen, Kohl und Hase.
Hase?
Ja. Thorfinn hat ihn erlegt.
Den sollten wir in die Suppe geben.
Gute Arbeit.
Lass das Blut auslaufen, häute ihn und wasch die Innereien.

TACK TACK TACK
TACK TACK TACK
TOCK TOCK TOCK
RITSCH
RITSCH

...
Hm.
Für einfache Zutaten ist das nicht übel.
Ich hatte genug von Salzfleisch. Ich danke dir, Thorfinn.
Dank des Hasen.
Was ist?
... Bedien dich. Dein Hase.
MAMPF

Das schmeckt, was?
HA HA HA
Fang nächstes Mal einen Hirsch. Dann bereiten wir den zu.
...
Ich dachte, Adlige fressen nur.
SCHLÜRF
Lieb-haberei.
Kochen tue ich nur selten und nur Ragnar weiß was davon.
Das bleibt unter uns.
Warum?
Ist doch nichts Übles?
Ich habe einmal Kabeljau gekocht.
Er war sehr lecker; deshalb wollte ich, dass mein Vater das kostet.

Aber er aß ihn nicht. Er wurde fuchsteufelswild und sagte...
»So was tut kein Königssohn, nur niedere Sklaven!«
Seitdem koche ich nicht, jedenfalls offiziell...
Ein Königssohn braucht solche Fertigkeiten nicht.
...
Damals war der König...
... wohl gereizt und beschäftigt, zu Beginn eines großen Krieges...
Außerdem mag er keinen Kabeljau.
Nach dem Krieg könnt Ihr mal Geflügel kochen. Das macht ihm sicher Freude.

Welche Vogelart? Ich habe noch nie Geflügel zubereitet.
Das bringe ich Euch bei. Huhn, Ente...
Erinnert Ihr Euch an das Entengericht vom Julfest?
Ja, das war köstlich.
MAMPF
MAMPF
MAMPF
Genau. Der Koch hat mir ein paar Tipps verraten.
Er hat den Fleischsaft geschickt eingesetzt.
...
...
SCHLÜRF

UOOOOOH
UOOOOOCH
?
Was ist?
!
TSCHING
KLACK
BUMM

Thorfinn, es gibt...
... Neuigkeiten!
Was ist los?
Rag...
...na-
wah!!
ZACK
Im östlichen Wald beginnt die Schlacht.
Die Engländer haben uns aufgespürt.
Es sind nicht viele Feinde hier und die Pfeile werden diesen Ort wohl nicht erreichen. Dennoch müsst ihr vorsichtiger sein.
Was...?!

ZONG
ZOZONG
TOCK
Vorwärts!!
TACK
TACK
TACK
TACK
TACK
Gah!
TATACK
Macht die Engländer zu Schweinefutter!!
UOAAAAAAH

Wie ist das möglich?! Wir sind erst zehn Tage im Dorf!! Wie konnten sie uns finden?!
Autsch...
Weiß ich doch nicht!
Wir müssen unsere Kriegsbeute hier liegen lassen! Wir sind alle völlig geknickt!!
Verflucht...
Weswegen wurden die Bewohner umgebracht...?
Loslassen.
Wir verlassen das Dorf.
Wir haben Schlitten vorbereitet. Es geht los, sobald wir die Engländer beseitigt haben. Verstanden?
Ich hab doch gleich gesagt, zurück nach Wales!
Dieser starrköpfige Askeladd...!
MAMPF
MAMPF
Oh nein.
Es geht in die andere Richtung. Derby.

... Unter diesen Umständen...
... will er durch Feind-gebiet?!
KOCH
UOOOOOH
Bring Askeladd zu mir!! Sofort!!
Geht nicht. Er führt das Kommando an der Front.
Wenn du was willst, solltest du selber zu ihm gehen.
Ich bringe dich zu ihm.

UOOOOH
Ein schwacher Anführer hat auch nur schwache Leute!!
Er weiß nicht, wie er mit seiner Truppe umzuspringen hat!
Ich kam von Anfang an nicht mit ihm zurecht!!
Er war immer trotzig!!
Und das haben wir davon!!
HNNNRH
KOCH
BRODEL
Er schätzt seine Lage nicht richtig ein! So einer will ein nordischer Krieger sein?! Lächerlich!!
Durch mein Schwert wird er heute seine Dummheit erkennen!!
WOSCH
WOSCH
Ist der laut...

Damals hätten wir die Schiffe...
OOOOH
He...
Hey!
Wir laufen falsch. Zur Schlacht geht's da lang.
...
Endlich peilst du's.
Spätzünder.
Häh?
Was redet...

DOSCH

... ihr
da
alle...

Sorry, Spitzkopf.
Askeladds Befehl.
TSCHING
RITSCH
UOOOOOH

ÄCHS
ÄCHS
...
ÄCHS
Willst du noch kämpfen?
Ich hab nichts dagegen...
... aber bei der Wunde überlebst du nicht.
Das quält dich doch nur.
Hol Askeladd her. Ich muss ihm...
... was Wichtiges sagen.

Deinen letzten Willen kannst du mir erzählen.
Hol ihn, sofort!!
Es geht um den Prinzen! Das sage ich ihm selbst!!
Beeilung!
Ich bin ganz Ohr...
... Ragnar.

Scheint wichtig zu sein.
WOSCH
Es dauert nicht mehr lange.
Fast nur Bauernkrieger. Den Rest macht Björn.
Was ist mit der Schlacht?
... Ja.
Unter vier Augen?

Die Schlacht ist vorbei.
...
Die Stimmen sind weg.
Mann...
Die Suppe ist kalt geworden...

Ich danke Euch außer-ordentlich...
... für das Heranzüchten des feigen Prinzen.
Euer Tod wird bestimmt für seine weitere Entwicklung sorgen.
Diese Aufgabe werde ich von nun an über-nehmen.
Von Euch, der heute von einem englischen Soldaten getötet wurde.
...
Schwöre bei deinem Gott...

... dass du das tun wirst...
... und Prinz Knut ... beschützen wirst...
WUTT
Ich schwöre im Namen von Odin.
Ich opfere mich und werde Prinz Knut beschützen.
So erwidere ich den bedeutenden Tod des Kriegers Ragnar.
Zufrieden?

... Bedauer-
lich...
So einem wie dir vertraue ich den Prinzen an...
Beeilt Euch.
Ihr habt viel Blut verloren.
Es geht um das Königs-
haus...
Bereite dich vor, bevor du Gainsborough erreichst...
UGH
UGH

Die Höflinge von Jelling... haben sich wegen des nächsten Königs von Dänemark in...
... zwei Parteien gespalten...
Prinz Knut wurde zum Anführer einer Partei gemacht.
Die andere Partei handelt für Knuts Bruder, Harald.
Der Wille der Prinzen spielt keine... Rolle...
Es ist ein... eigenwilliges Machtspiel... der boshaften Schranzen...

Der König fürchtet sich vor einer Teilung Dänemarks...
Daher traf er im Herzen wahrscheinlich eine Entscheidung...
Er will... einen seiner Prinzen...
... umbringen...
?!
König Sven...?

Der König schickte Prinz Knut in den Krieg...
... damit er auf dem Schlachtfeld stirbt...
Schütze ihn... Der wahre Feind von Prinz Knut...
... ist sein Vater, König Sven persönlich...

In Gains-borough...
... müsste mein Bruder...
... dafür gesorgt...
... haben ...
TAUMEL
Verla...
...sst das Land... das ist die einzigė... Lösung...
ÄCHZ
WATSCH
WUMM

KRATZ KRATZ
... Heiliger Strohsack...
Das hättet Ihr mir früher sagen sollen...
Ich...
... habe eine letzte Bitte...
Lass mich noch...
... einmal ...
... den Prinzen sehen...
... zum...
... Abschied...

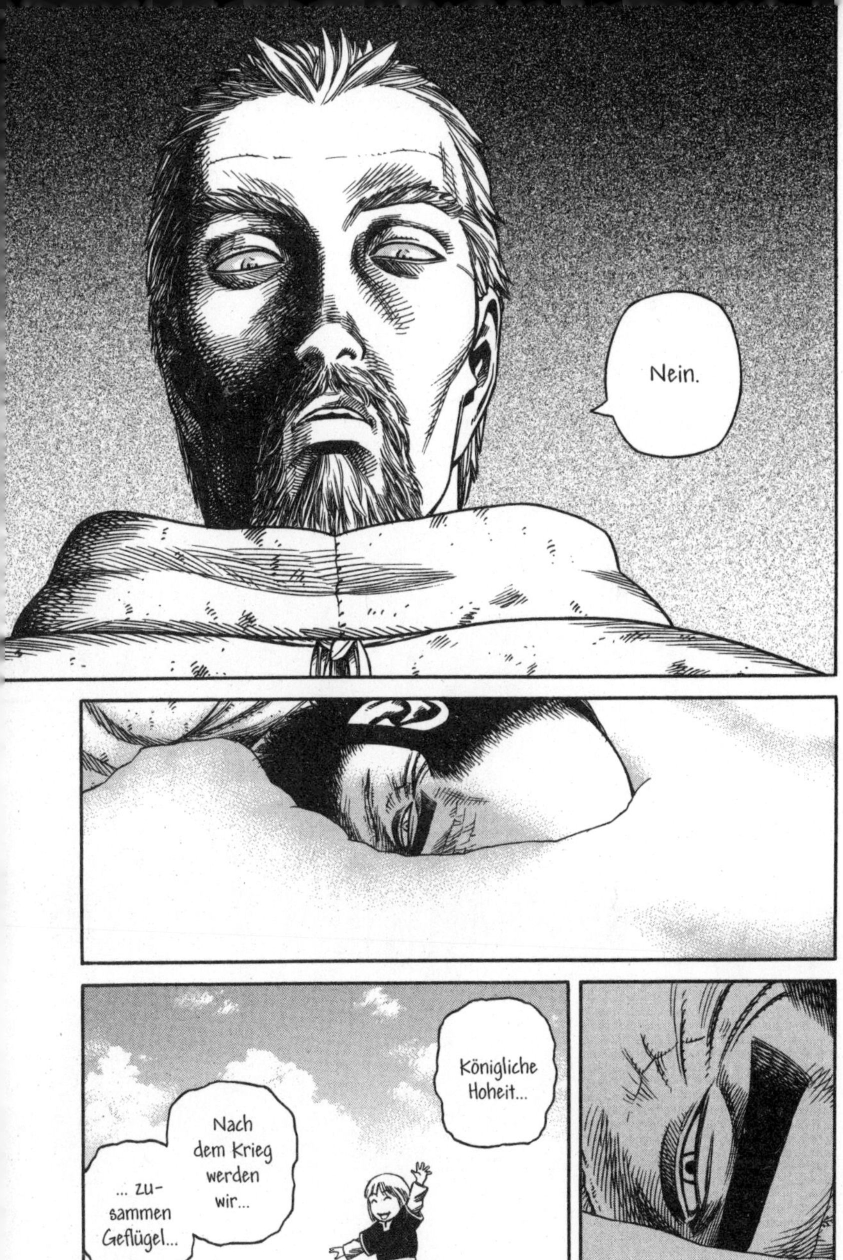
Nein.
Königliche Hoheit...
Nach dem Krieg werden wir...
... zusammen Geflügel...

Ende des 30. Kapitels

HUHUUUU HUHUUUU
FLAPP
HACK
ZIPP
RITSCH

31
Geschichte der Barbaren

Was?

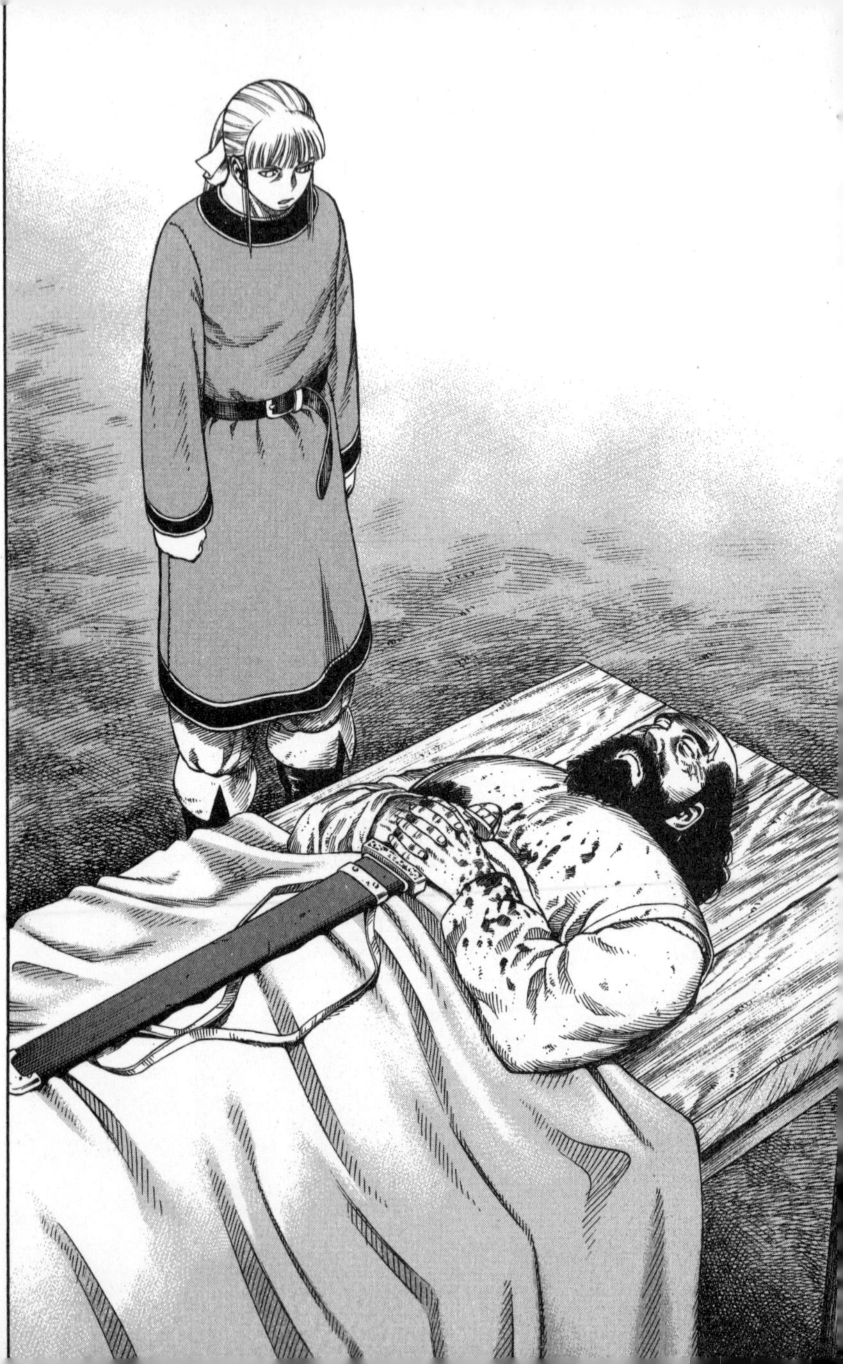

Er kämpfte wie ein Löwe gegen mehrere englische Soldaten...
... doch ein Speerstoß von hinten...
Ich kann Euer Leid verstehen, Königliche Hoheit.
...

Wir aßen zusammen Hasensuppe...
Dann rannte er raus...
Huch?
Komisch... Bis vor kurzem war er noch...
?!
KLAPP
RUTSCH

...
Wir brechen auf. Bereitet Euch vor.
Thorfinn, du bist sein Leibwächter.
Hä?
Das ist...
... wohl ein Scherz?! Ohne mich!!
Ihn zu beschützen ist deine Aufgabe!
Hey, warte!!

Er ist vor Schock zu Boden gegangen.
Meinst du, aus dem Hasenherz wird was?
Jetzt läuft alles in die verkehrte Richtung.
Wir hätten Ragnar gar nicht töten sollen, oder?

Nicht so laut. Die meisten hier wissen nichts davon.
Vergiss nicht: Die Engländer haben ihn umgebracht. Lass dir nichts anmerken.
Tja ja...
Du und Ragnar, ihr wart immer uneins.
Selbst das Hasenherz wird es irgendwann merken, oder?
Pah!
Der Prinz wurde zum Hasenherzen, weil Ragnar ihn verwöhnt hat.
Irgendwann musste er weg, sonst hätte ich ein Problem bekommen.
Ein Hasenherz ist leicht zu kontrollieren.
Das wäre die Gelegenheit gewesen, um befördert zu werden.
...
Björn.
Huh?
Weswegen bist du mir bis heute gefolgt?

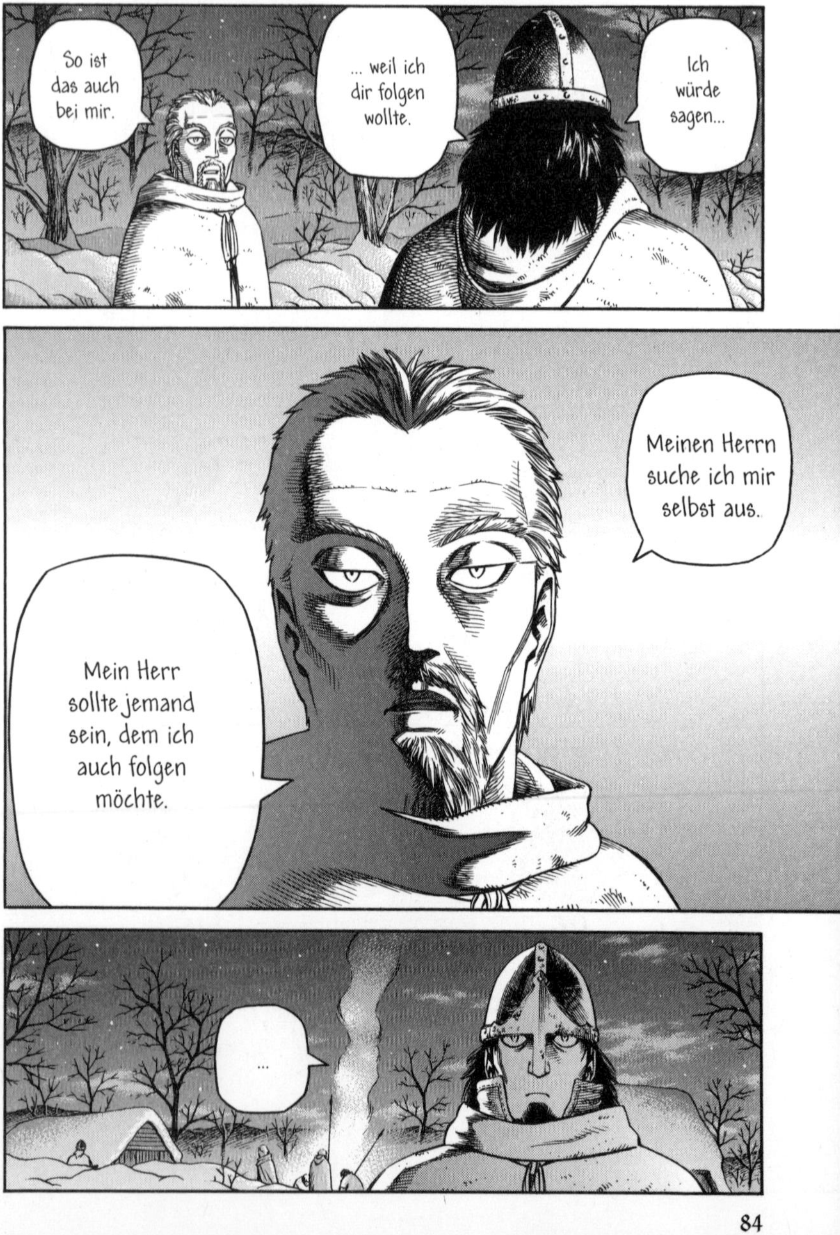
Ich würde sagen...
... weil ich dir folgen wollte.
So ist das auch bei mir.
Meinen Herrn suche ich mir selbst aus.
Mein Herr sollte jemand sein, dem ich auch folgen möchte.
...

KLOPF KLOPF
Das ist ein Glücksspiel, Björn.
Wenn's gut läuft, wird der Prinz ein neuer Mensch.
Nur ein Scherz.
Und wenn nicht?
Vielleicht wird er nie Mut und Verstand entwickeln?
TACK BUMM
Nimm!
Na? Greif doch an!
BASCH
HA HA HA HA
Er hat's nicht verdient, mein Anführer zu sein.
Dann lasse ich ihn im Stich.

Und? Spuckt er was aus?
Der kotzt mich an!!
Er schreit nicht einmal!!
UGH
UGH
UGH
UGH
PUH
Der spielt den tollen Märtyrer!!
Deswegen hasse ich Christen!!
Du trittst zu schwach.
Steh auf, Herr Anführer!
Einen Tritt macht man...

... so!!
WACK
BAFF
Ah, sauber.
Du bist auch nicht besser. Ziel aufs Kinn.
Ich zeig's euch.
Hört auf!
Oh Mann
Nee, ich bin dran.
Haltet euch ein bisschen zurück.
Ein toter Mann kann doch nichts erzählen.
Wir sind nachsichtig.

HH
Bring...
Bringt mich um...
HH
Der Herr beobachtet uns alle...
Auch die unzähligen Übeltaten von euch Dänen...
Aha...
Ihm geht's noch gut.
Habt ihr eine Schere?
Bring mir eine.
So!
KLATSCH
Ich wiederhole die Fragen, englischer Anführer.
Es sind drei Fragen.
Wie viel Mann hat die Hilfstruppe?
Wann kommt sie an?

Und wie habt ihr uns aufgespürt?
Erzählst du, wirst du überleben.
Ihr alle werdet bestraft... allesamt...
NRRG
Ihr Barbaren...
Fürchtet euch vor Gott...
Herr Anführer...
Deine Fingernägel sind recht lang.
Hey.
Ist diese Schere gut?
Nicht schön...
Die sollten kürzer sein.

TSCHINK
GAAAAAAAAAH
Uh, Verzeihung!
Das ging etwas zu tief.
Ga...

AAAAAH!
Haltet ihn fest.
Ich habe drei Fragen. Du weißt ja.
GAHAAAAAAH!
TSCHINK
TSCHINK
Wieder zu tief!!
Sogar zweimal!!
!!
A AAAO O OH!
Warum erträgt er das alles?
Das ist brutal.
Fahrt zur Hölle, ihr Dänen!!
Ohne euch wäre...!!

Ihr habt unser Dorf verbrannt!!
Meine Frau und Tochter wurden geschändet und getötet!!
Ihr Barbaren!! Das ist unser Land!! Verschwindet!!
Aha... So ist das...
Wir sind also Barbaren...
Ich erzähl dir eine Geschichte, du Unwissender.
Hör mir gut zu, Sachse.

Dieses Land hier war früher nicht das eure.
Oder sind die Bewohner hier Angel-sachsen?
Egal, spielt keine Rolle.
Die Kelten waren die ersten Bewohner.
Sie lebten im Wald und beteten Naturgeister an.
Sie waren die Ahnen der walisischen Völker.
Dann kamen die Römer.
Sie waren Herrscher, lebten aber mit den Kelten zusammen. Sie lehrten die Kelten...
... ihr Wissen, ihre Technik und Kultur.

Die Römer gingen fort...
... und zum Schluss kamen die Angelsachsen, also ihr.
Etwa vor 500 Jahren.
Ihr habt den Kelten nichts hinterlassen.
Viel schlimmer...
... ihr habt die Kelten in die Wildnis vertrieben und dieses reiche Land geraubt.
Wenn die Dänen Barbaren sind...
... seid ihr Angelsachen auch ziemlich barbarisch.
Lüge!
Das ist wahr.

Ihr habt das Land mit Gewalt genommen.
Und wir nehmen euch das Land weg, mit noch größerer Gewalt.
Du hast doch nicht etwa was dagegen?
Fresse!!
Warum sollte ich euch Barbaren glauben?!
TSCHINK
TSCHINK
Mir gefällt es nicht...
... wenn mir jemand nicht zuhört.
Hmm...

He, Herr Anführer.
Wenn ich mir dein Gesicht genauer anschaue, ist deine...
Huch?
... Nase...
... auch etwas zu groß.
!!
NRG

Aske-ladd!! Die sind uns auf den Fersen!!
ZASCH
HA
HA
HA
!!
Ohr! Wie viele?!
Weiß nicht! Aber viele!!
Aus dem Süden!!
WUAFF

RAUN
?!
Hilfs-
truppen?!
Was?!
Um Mitternacht?!
Selbst bei dem
Mondlicht...
...
Ein
nächtlicher
Angriff der
Engländer?
Hut ab.
... Ha!
Haha!
Endlich!!
Hahaha!!
Es ist zu spät!
Ihr seid alle tot!!
Ihr Dänen
bringt euch
gegenseitig um!!

?!
Dänen?!
Ich sag's dir! Thorkell ist auf dem Weg hierher!!
Das ist doch ein guter Gegner, was?!
Dieser Thorkell!! Ha ha ha ha ha ha!!
HA HA HA HA HA
Hey... hat er gerade Thorkell gesagt?
Uh, ähm...
Also... es klang irgendwie danach...
Thorkell?!
Ist nicht wahr...
... Tss!

Thor-
kell?!
Wirklich Thor-kell?!
Nee!!
Ich glaub´s nicht!!
Verdammt!!

Ha...
Hat-
schi!!
NIES

Ist es dieses Dorf?
SCHNIEF
Scheint so.
Okay, umzingeln!
Vaari, Ingolf, eure Truppe nach links. Otto nach rechts.
Ich in die Mitte.
Der Befehl lautet: Tötet sie alle!
Aber nicht den Prinzen.
Außerdem muss da ein kleiner Messerkämpfer sein.

Den will ich lebend.
Er spielt mit mir.
Lass mich runter, du Knecht!!
Du widersetzt dich meinem Befehl?!
Ich kann Ragnar nicht hier liegen lassen!!
ZAPPEL
ZAPPEL
ZAPPEL
Uwaaah!
Ich gehe nur, wenn Ragnar mitkommt!!

Hört auf, Königliche Hoheit!
Es sind nur drei Schlitten, wir haben keinen Platz für eine Leiche.
Dann beerdigt ihn!
Respektiere den Tod eines Kriegers! Das ist ein Befehl!!
Und wir haben keine Zeit.
SCHLEUDER
Du!
Wah!
WATSCH
Neeeein!! Ich will nicht fort!!
Ragnar!! Ragnaaaar!!

KLATSCH
Oha?!

Ragnar...
... ist tot.
Er hört nicht mehr auf dich.
...

Aske-
ladd!!
He! Vorwärts!!
BUMM
... Du...
KICK
Deserteure!! Die wollen zu Thorkell über-laufen!!
Die hatten sich unter der Strohmatte versteckt!!
...
Ragnar... hatte Recht. Das Glück hat dich verlassen.

Diesmal können wir nicht mit. Thorkell ist dir auf den Fersen!!
Nicht nur wir... in Wirklichkeit sind wir alle... verzagt.
ZAMM
Iek...
?!
ZASCH
ZAMM

Geht, wenn ihr wollt.
Ihr sucht euch euren Anführer aus.
Ihr alle!!
Wer will, soll gehen! Ich halte euch nicht auf!!
Aber wer mit mir kommt, soll...
... mar-schieren!!

WUAFF
Wir marschieren, bis wir Thorkell abgeschüttelt haben!!
ZASCH
WIHIIIII
Esst im Gehen! Schlaft im Gehen!
RAUN
FLÜSTER
Was nun?
ZAMM
ZAMM
ZAMM

TSCHACK
ZAMM
TSCHACK
NRG
ZAMM
GRRRRRN
Männer!! Wer nicht weiter marschiert, wird sterben!!

Ende des 31. Kapitels

DOMM
BAMM
Wah! Ni ... Nicht, Thorkell!!
Hilfe!!
Wir geben auf!!
Wir kämpfen nicht!!
Wir gehören nicht zu Askeladd!! Wir wollen für dich käm...
BATSCH
Bff!
BOBAMM
Gii!

Aha.
Der Anführer heißt also Askeladd.
32 Die Truppe auf der Flucht

Schönes Schwert!
Einige haben kapituliert...
Das bedeutet, sie sind ziemlich erschüttert.
UAAAH!
UNGH
Die Haupteinheit kann nicht weit weg sein.
Nee. Das sind Tauge-nichtse.
Wir brauchen keine Feiglinge, die vor dem Kampf aufgeben.
Die Armen.
Die hätten für uns arbeiten können.
Ab nach Osten, Männer. Der Prinz gehört uns!!
Mit vollem Elaaan!!
UOOOOOOH

KNARZ
KNIRSCH
Rechts! Zu weit nach rechts! Zurück!
Nein! Von mir aus rechts!
Vorsicht, Vorsicht …!
Genau, so.
WIIIH
Hau ruck!!
Beeilung!!
Wir kommen nicht voran!
Herrschaftsgebiet des Fürsten von Mercia, am Oberlauf des Severn
Januar 1014 n. Chr.

DO
DO
DO
DOH
KNIRSCH
KNATTER
KNIRSCH
Thorgrim! Atri! Hierher!
Jepp.
Die Brücke wird zerstört. Ihr übernehmt das Kommando.
Be-eilung.
Geht klar.
Ohr, ist Thorkell nahebei?
Weiß nicht, es ist zu laut.
Aber fürs Zerstören der Brücke haben wir Zeit.

Oooh...
Wir nehmen die Brücke auseinander!
Wer eine Axt hat, hilft mit!
Öde...
TROPF
Wartet.
Geht schnell rüber!
Hey!!
Hey, hey, hey, Alter!!
WÜHL
WÜHL
WÜHL
Was tust du da auf einmal?!
Nichts mehr zu trinken?
Selbst wenn – du kriegst nichts.

Peil doch endlich, dass wir in einer ziemlich üblen Lage stecken.
Wir haben auch nicht viel, also ist für dich nichts übrig.
...

KLOOONG
TATACK
KLOOOONG
Ist nicht wahr!!
Kalt!!
PLÄTSCHER
Der Fluss ist seicht!

Hier kommt jeder zu Fuß rüber.
Bringt das überhaupt was?
Wir müssen aber irgend-was tun.
Vielleicht können wir Thorkell damit etwas nerven.
... Pah.
Der hat wohl keinen klugen Plan mehr...
... unser Askeladd...
Björn, Thorfinn...
Kommt ...!

Näher!
Björn.
Du reitest das
Schlittenpferd
des Prinzen.
Thorfinn.
Du wartest
neben dem
Prinzen.
?
Was...
!!
Hey...
Askeladd...
Im Ernst...?

Das ist meine Gabe.
Mit nur einem Blick auf jemanden...
... weiß ich, was für eine Person das ist.
Ob aus jemandem was wird oder nicht ...
... ob jemand intelligent oder närrisch ist...
Und ich erkenne auch...
... dass unter meinen treuen Männern einige Verräter sind.

KNIRSCH
KNARZ
KNARZ
KLOOOONG
TACK
TACK
SÄG
SÄG SÄG
TACK
TACK
Ein Seil! Ein Seil muss her!
Huch?!
Den Prinzen entführen?!
Idiot, leiser!
Atri. Diese Truppe ist am Ende.
Verstehste?
Wir nehmen den Prinzen mit und laufen zu Thorkell über.

Mehr als die Hälfte sind jetzt auf unserer Seite.
Den Rest kriegen wir auch bald rum.
...
Du verrätst Askeladd also...?!
Er hat es gut gemacht. Er ist ein guter Boss.
Aber verraten klingt missverständlich, Atri.
Ich will, dass er als Anführer...
... nur die »Verantwortung« trägt.

... Keine Sorge. Wir können schon fliehen, Thorgrim.
Das war doch bisher immer so, nicht?
Bisher ja.
Aber was ist mit Askeladd in letzter Zeit?
Er schätzt die Lage immer wieder falsch ein.
Sein Glück ist weg.
ZONG
ZOZONG
Und Thorkell hat uns aufgespürt, obwohl wir ihn abgeschüttelt hatten.
...
Guck nicht so.
KRATZ
KRATZ
Es tut mir auch leid. Er ist ein wirklich guter Boss.
Aber es bleibt uns keine andere Wahl.

Askeladd hat einfach verspielt.
Das ist alles.
Ich frage mich jetzt wirklich...
... warum dieser vorsichtige Mann sich...
... ausgerechnet mit Thorkell anlegen musste...

Sie brauchen eine Weile, um ihre beladenen Schlitten rüber-zubringen.
Gute Leistung.
KRAAACK
BATSCHACK
KNACK
KNACK
KNACK
Was ist, wenn sie ohne Ladung rüber-kommen?
Dann brauchen sie Zeit, um Nahrung zu besorgen.
Ohne Nahrung werden sie uns nicht lange folgen können.
Gut. Männer, vorwärts!!
Jaaa... Ich will 'ne Pause... Ächz...
Da!!

Ah...!
Es funkelt.
BLINK
BLINK
BLINK
BLINK
BLINK
RAUN

DO DO DO
Endlich hab ich euch...

DO DO DO
WUM
... gefun-
den!!

Ende des 32. Kapitels

33 Verrat

Ooh ?!
Wahn-sinn!!
Ein Speer ...?!
Ungh ...
Ggh ...

DODODODO
Geht doch gar nicht...!
Aus der Entfernung ...?!

Er ist ein Monster!!
Da sagt ihr was!!
... Scheiße...
Verdammte Scheiße!!
Beruhigt euch, Männer!
Er ist noch weit weg und wir haben die Brücke zerstört.
Vergesst den Speer.
Brücke?! Was soll diese Brücke schon sein?
Man kann zu Fuß durch den Fluss!! Das beruhigt mich kein Stück!!
Ist das so?
Dann sollten wir jetzt sofort los. Die Zeit rennt.

SEUFZ
…
Schon wieder!
Abmarsch, Abmarsch, Abmarsch!!
BONK
Andere Worte hast du wohl verlernt, was?!
Wir können Thorkell nicht schlagen.
BOFF
Haltet noch einen Tag durch. Dann sehen wir die Wirkung der zerstörten Brücke.
Die Abmarsch-geschwindigkeit bestimmt die Geschwindigkeit der Güter.
Thorkell wird länger brauchen, um Hab und Gut seines Trupps über den Fluss zu bringen.
Sollten sie uns ohne Güter verfolgen, werden sie höchstens einen Tag durchhalten.

Habt ihr das begriffen?
Dann marschiert los!
...
Es gibt keine Garantie, dass wir diesen Tag überleben.
... Aha.
Dann verabschieden wir uns.
Ich muss mich beeilen. Tschüs.
ZAMM

ZAMM
SST
ZAMM
BOFF
KLACK
ZAMM

PUH
Tja ja...
Kommt nicht auf falsche Gedanken, ihr Grünschnäbel.
Wer abhauen will, soll sich hier den Arsch abfrieren...
... und sich wortlos vor Thorkell aufbauen.
Das Monster will nicht uns, sondern den Prinzen.
Versteh das, Askeladd.

Wir kennen uns schon lange. Ich will dich nicht töten.
Lass den Prinzen hier und verschwinde!
DO
DO
DO
DO
DO

PUH
... Kann ich was...
... zum Abschied erzählen?
Mit euch...
... war ich bis heute sehr lange zusammen.
Wir lachten und tranken zusammen...
... und kämpften uns durch zahlreiche Schlachten.
Das habe ich euch noch nie gesagt.
In den gut zehn Jahren, die ich mit euch verbracht habe...

... habe ich euch...
... aus tiefstem Herzen gehasst.
Ihr stupiden Dänen, die ihr dümmer seid als Schweine.
...
Hm?
Was?

TSCHING
ZABAMM

!!
Mist!!
Holt den Prinzen!!
Thor-finn!!
DOSCH
Ha!
WUOFF

FOSCH
DA
DA
DAMMM
FOSCH
DA
Ungh!
Uäh!
DAMM

Haltet euch fest, Kurze!!
Jetzt geht's ab!!
WUSCH
KLATSCH
WIIIIEEHEP
Uwah!

DADMM
Mist!!
Die haben es gewusst!!
Meine Augen!
Hinterher!!
Lasst sie nicht entkom-men!!
WIIIIH
Los, los, los, looos!!
TRAB

Oh nein!
So doch...
... nicht.
WUOSCH
DOSCH
Ungh!
DO
Egal!! Zum Schlitten!!
DO
DOOO
Los, los!!

Und...
... jetzt ...
Tss...
So sind meine Leute. Sie treffen gute Entscheidungen.
DODODODO
FWOOOH
DODODODODO
Sieht gar nicht gut aus.
Meine Gottergebenheit war wohl nicht ausreichend.

Hm...?
Hmmm...
Zu weit weg, um es richtig zu erkennen...
Jedenfalls zoffen sie sich irgendwie...
Spaltung der Truppe.
Kommt in so einer Lage oft vor.
DO
DO
DO
DO
Ha ha... peinlich.
Neuerdings wollen alle ihren Arsch retten.
Hmpf!!
Das ist unerhört!!

Wie könnt ihr euch ohne mich streiten?!
Uoaaah!
Ich mach mit!!
Ah...
Das meinst du mit »unerhört«?
DOSCH DOSCH DOSCH
BRRRR
Hüa!
BRR
Um- zingeln!
TRAB
TRAB
TRAB
BRRRR
Auf die Pferde!

Tu was! Greif an, Thorfinn!
Wurf-messer!!
Fresse! Gib mir keine Befehle!
Meine Wurfmesser sind alle!!
DO DO
Scheiße...
Askeladd kommt nicht! Was macht der Glatzkopf?!
DO DO
Bleib stehen, Björn!!
Hör mir zu!!
Glaubst du, ich bin so blöd und bleibe gleich stehen?

DO
DO
Denk gut nach, Björn!!
Unser Leben hängt davon ab, wie wir mit dem Prinzen umgehen!!
DO
DO
Das bringt nichts, Atri!!
Björn ist Askeladds rechte Hand! Den kannst du nicht überreden!!
Wir müssen ihn töten!!
Genau! Das hast du gut erkannt!!
Askeladd hat mir das Knäblein anvertraut.
Wenn ihr den Prinzen wollt, müsst ihr bereit sein zu sterben, ihr Feiglinge!!

DO DO DO DO
Ah!
Uh! Heeey!!
Greif mich direkt an!!
Nicht auf das Pferd!! Nein, hey!!
DO
DO DO
ZUCK ZUCK
Wir stürzen!!
WUSCH
TACK

TAMM

Hä?

Hgäh!
WACK
BRRRR
TAPP
BASCH

!!
He!! Thorfinn flieht!!
Lass ihn in Ruhe!
WIIIIH
DADAMM
He, Prinz!
Lebst du noch?!
ZERR
Ugh...
Was denn ...?
Denk doch mal nach!! Das hätte ganz übel enden können!!
He, Prinz!!

Okay, zurück!
PUH
Er lebt noch...
Wir müssen uns beeilen, sonst wird Thorkell...
KNARZ
KRACKAWAMM
KNIRSCH

Das war nicht schlecht...
Ihr Versager...
Du hast auch überlebt, Björn?!
Uh?
Tss!
SCHOCK
Dieser Pilz...
Greift mich an!!
Ich schicke euch alle gemeinsam nach Wal-halla!!
MAMPF

TAGADAPP
Mist!
Mist! Scheiße!
Der Glatzkopf macht nur Probleme!!
Du musst überleben, bis ich dich umbringen kann, Askeladd!!

JAPS
JAPS
TROPF
TROPF

Ende des 33. Kapitels

Avalon?
Ist das ein Land?
BRRR
Ja... das Paradies...
Dort lebt der große Ahne Artorius...
Aber Mutter...
Artorius ist der Offizier aus den alten Geschichten, nicht?
Lebt er immer noch?

Avalon liegt weit hinter dem großen westlichen Meer...
Eine Feeninsel im ewigen Frühling...
Eine Welt, die nichts mit dem Tod oder dem Altern der irdischen Welt gemein hat.
Dort wartet der Herr, bis seine Wunde ausheilt.
FWWP
Ist er genesen, wird er...
... bestimmt zu uns zurückkehren...
... um uns von der Qual zu befreien...

Wenn die Zeit kommt...
... solltest du ihm dienen...
Er ist der wahre König und noblen Blutes...
Sei sein Wissen...
Sei sein Schwert...
Eines Tages...

34 Avalon

OOOOH
WOSCH
WUMM
TSCHINK
DOSCH
BATZ
BITSCH

Ich muss ...
... auf die Flucht-chance warten.
GATSCH
Hrrrrrrrrh!
TSCHING
DSCHING
KLING
DOH
SCHT

WWWTT
Hä?
WATSCH
Wah!
Ack!
Bald kommt Thorkells Truppe, und das reinste Chaos wird ausbrechen.
Wenn ich so lange durchhalte...

Iyah!!!
Ugh!!
TSCHING
BAZAMM
TACK
Das tat weh, du Rabauke!!

?!
BITSCH
Habt...
... ihr das gesehen...?
Ja...
Mitsamt Helm...
Das geht selbst mit einer Axt nicht so...
FH
FH
... Scheiße...
Ist der stark...

Verdammt… Der Treffer hat mich aufgeregt…
Das ist nicht meine Art…
FHHH
SST
'tschuldigung, dass ich so geschrien hab.
So, kommt!
Ich bin nicht mehr böse.
KLACK
ZAMM

... Mist.
Und nun die Fernwaffe.
War ja klar.
Männer im Westen: zurück! Vorsicht vor Querschlägern!
Thorgrim! Bist du hier der Anführer?
Was denn, du Halbtoter!!
Lässt du wirklich schießen? Da werde selbst ich sterben.
Björn und Thorfinn sind sehr fähig. Die werden eure Attentäter umbringen.
Dann brauchst du mich, um den Prinzen zu sichern.
Nimm mich als Geisel. Dann kommt Björn zurück, um mich gegen den Prinzen zu tauschen.
Vorausgesetzt, ich lebe.

Was jetzt, Thorgrim?
...
...
Zielt auf seine Beine.
Tss!
WAMM
ZONG
ZOZONG
ZONG
ZONG
ZONONG
FOSCH

KLATSCH
UOOOH
Treffer!!

ZAMM
Uh...
...
Du warst nie so, Askeladd.

... Du warst doch nie so hitzköpfig.
Normalerweise ziehst du dich schnell zurück, wenn du keine Chance siehst.
Warum opferst du dich für so einen feigen Prinzen?
Willst du zur Belohnung ins Gras beißen?
...
... Ich werde langsam alt...
Ich werde nicht mehr lange richtig aktiv sein...
NRRRG
PLAFF

Ich kann jetzt...
... nicht mehr warten...
ZUCK
ZITTER ZITTER
... bis der wahre König von Avalon...
... zurück-kehrt...
Jetzt spinnst du richtig...
Ava... was?
?

Schon gut. Fesselt ihn.
Was zum...?
TORKEL
BUMM
BAFF
BABA
Hi. ♪
Leute, amüsiert ihr euch?

Wer ist denn der Anführer? Askeladd?
Ich würde ihn herzlichst gern sehen.
Verzeihung...
Bitte nur mit Termin...

TRAB
BRRRR
!!
UOOOOH

Ende des 34. Kapitels

35 Begegnung

BAFF
BOFF
PLOPP
Bist echt riesig...
... aus der Nähe...
Ich bin Thorgrim.
Hör mir zu. Wir leisten keinen Widerstand.

Boss.
Der Prinz ist nicht hier.
Genau. Darüber wollte ich jetzt sprechen.
Wir wollten dir den Prinzen übergeben...
... doch der hier, Askeladd, hat ihn laufen lassen...

Hab aber keine Sorge. Ich habe unsere zehn stärksten Männer losgeschickt.
Also überlass die Sache mit dem Prinzen uns.
Wir kriegen den Prinzen, im Namen von Odin.
Dafür habe ich auch eine Geheimwaffe!
Hey, warte!
Hey!
WOSCH
ZAWM

Du bist also Askeladd.
Ziemlich gescheit, was?
Hah...
Ach ja...
Ich kann Thorfinn hier nicht finden.
Hast du ihn etwa umgebracht?
... Habe ich nicht.
Er ist der Leibwächter des Prinzen. Mit dem Aufstand hat er nichts zu tun.
Verstehe.
Das beruhigt mich.

Die Sache ist klar!!
Jetzt kann's losgehen!!
Tötet alle außer Askeladd!!

Thorgrim, so war das nicht abgemacht!!
Wi... hä?!
Was?
He, ihr.
Greift zu den Waffen!
Seid bis zum Schluss echte Krieger!
Durch unbewaffneten Tod kommt ihr nicht nach Walhalla.
Hmpf...
Das sage ich nur für euch.
Los, Beeilung!
RAUN

WOA AAH
Scheißeeee !!
Agh!
DOSCH
DOH

UOOOH
GÄH
Ha ha ha, fein, fein.
So muss das sein.
Warte! Warte, Thorkell!!
RITSCH
WUTSCH
KNACK
UAAAAAH
Ist dir das wirklich recht?!
Wenn du uns umbringst, kriegst du den Prinzen nie!!
Keine Sorge.
Den fange ich selber.
Hier.
Deine Axt.
WOMM
Kämpf gegen mich.
Wenn du ein Krieger bist, solltest du auch wie einer abkratzen.

UOO OOOH
AAARGH!
Hgh...
Hnrh...
AHA HA HA
BAFF
Stirb, Alter!
RITSCH
Hmm...
Iiiek!
DOSCH
Eins, zwei...
Eins, zwei...
ZAMM
BUZZ
Mein Beileid, Thorgrim.
Von Herzen...
Halt's Maul!!
Das alles ist deine Schuld!!
Also kratz lieber nach einem guten Kampf ab.
Okay? Ich helfe dir ja.
Gib auf, Thorgrim. Du bist so was von tot.
Ganz sicher und bestimmt tot.
Los!
Komm schon!!
Komm!!

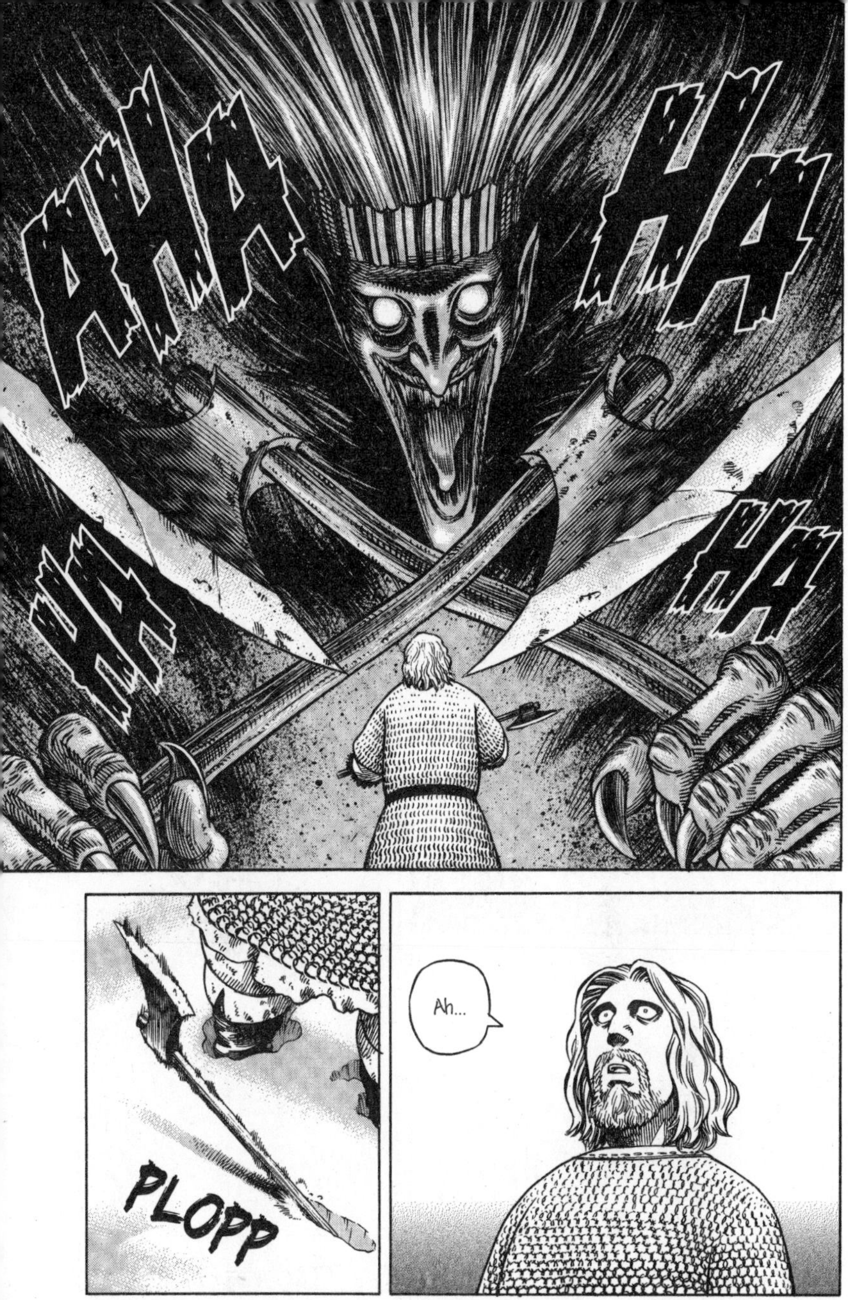
AHAHA
HAHA
PLOPP
Ah...

Ich hab ihn zu stark unter Druck gesetzt...
Das war gar nicht gut.
Ups.
Jemand da drin?
TOCK TOCK
Das war's wohl. Sein Herz ist verschwunden.
KNICK
UOOOH
WAAH!
UAAH!
SPUCK
AAAAH!
...
SCHLUCK
...?

UOOOH
WACK
URKS
?!
TAGADAPP
TAGADAPP
Thorfinn!!
HOOO!

DOH!
OO!

WOMM

Ist nicht wahr...
BAWOOOMM

Jo, Thorfinn!
Bist du fit?!
Finger weg von Askeladd!!
Er ist meine Beute!!
Wehe, du rührst ihn an!! Dann bring ich dich um!!
Hast du kapiert, Riese?!
Berührst du ihn, bist du tot!!

... Ich wusste, dass er ein Idiot ist...
Aber ein so großer...?
Die kleine Ratte fordert einen Bären heraus...

Beute?
Der ist doch dein Boss?
Ist er nicht!!
Habt ihr das gehört?
Der Kurze tötet unseren Boss.
Ah! Wie tapfer!
Allein so ein Spruch verdient ein Lob!
Gib mir Askeladd!!
Wenn nicht, bring ich dich um!!
Echt?
Dann kriegst du ihn nicht.

Habt ihr das gehört?! Jetzt gibt's ein Duell zwischen mir und Thorfinn um Askeladd!!
Ihr seid Zeugen!!
Töte ihn!!
Sauber!!
WAAAH
Verdammt... Er tut...
... was er will...
Thorfinn. Gewinnst du, dürft ihr beide gehen.
Ihr bekommt auch ein Pferd.

Ha!
Denk nicht, dass das so einfach geht wie in London...
Endlich wird es spannend ...
... Sohn von Thors!!

Vinland Saga — Ende des 5. Bandes

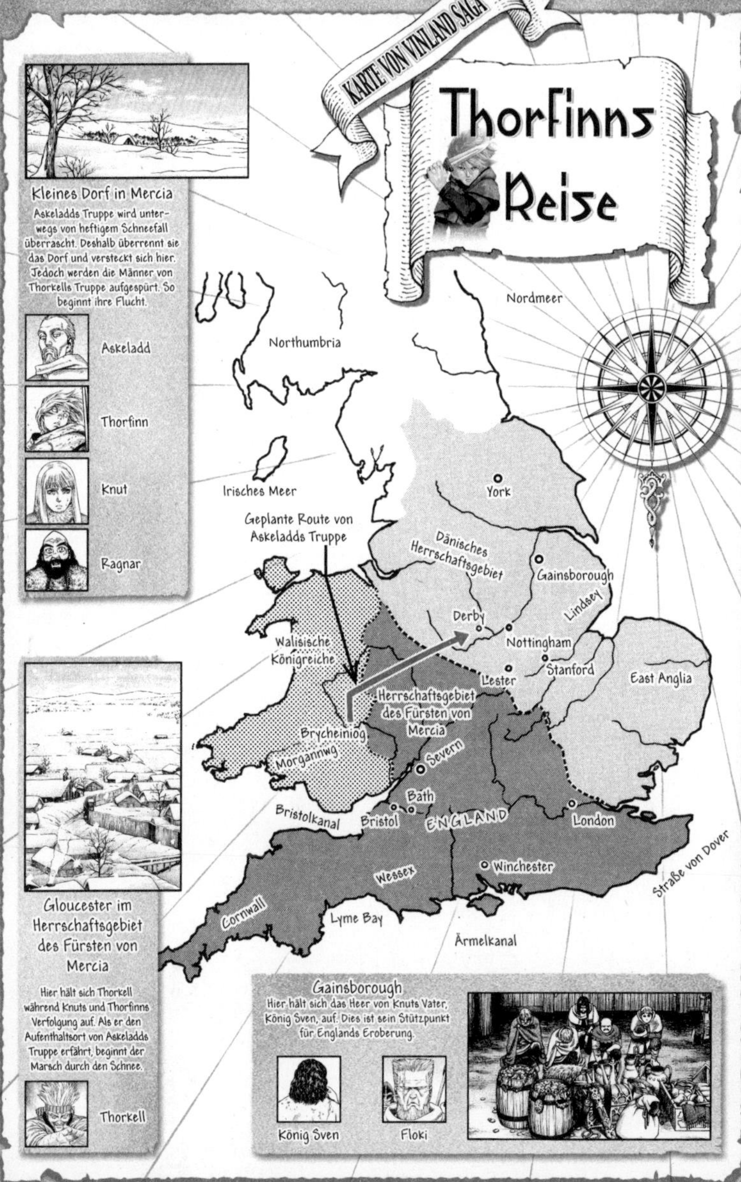

KARTE VON VINLAND SAGA
Thorfinns Reise
Kleines Dorf in Mercia
Askeladds Truppe wird unterwegs von heftigem Schneefall überrascht. Deshalb überrennt sie das Dorf und versteckt sich hier. Jedoch werden die Männer von Thorkells Truppe aufgespürt. So beginnt ihre Flucht.
Askeladd
Thorfinn
Knut
Ragnar
Nordmeer
Northumbria
Irisches Meer
York
Geplante Route von Askeladds Truppe
Dänisches Herrschaftsgebiet
Gainsborough
Lindsey
Derby
Nottingham
Walisische Königreiche
Stanford
Lester
East Anglia
Herrschaftsgebiet des Fürsten von Mercia
Brycheiniog
Morgannwg
Severn
Bath
Bristolkanal
Bristol
ENGLAND
London
Winchester
Wessex
Straße von Dover
Cornwall
Lyme Bay
Ärmelkanal
Gloucester im Herrschaftsgebiet des Fürsten von Mercia
Hier hält sich Thorkell während Knuts und Thorfinns Verfolgung auf. Als er den Aufenthaltsort von Askeladds Truppe erfährt, beginnt der Marsch durch den Schnee.
Thorkell
Gainsborough
Hier hält sich das Heer von Knuts Vater, König Sven, auf. Dies ist sein Stützpunkt für Englands Eroberung.
König Sven
Floki

Die Kelten und die Römer in Britannien

Askeladd gibt uns in diesem Manga eine Zusammenfassung der bewegten Geschichte Britanniens, die natürlich stark aus seiner Sicht gefärbt ist – historisch gesehen ist es anzuzweifeln, dass das Zusammenleben der Römer und der Kelten so friedlich vonstattenging!

Bevor die Römer sich Europa untertan machten, waren die Britischen Inseln und große Teile Europas überwiegend keltisch besiedelt. Als die Wanderungsbewegungen weitestgehend zum Stillstand kamen, hatten nur die Menschen der nordwestlichsten Regionen ihre keltische Kultur und Sprache vor dem Einfluss der römischen Zuwanderer bewahren können. So verdrängten beispielsweise die Römer in den fast 400 Jahren, die sie das Land regierten, und später die erobernden Angelsachsen ab Beginn des fünften Jahrhunderts die Sprache und die Kultur.

Doch manche keltischen Traditionen und Bräuche haben bis heute überdauert, vor allem in den Gebieten im äußersten Südwesten und Norden (also in Wales, Cornwall und Schottland).

So hat beispielsweise der Name Cumbria (eine Grafschaft im nordwestlichen England) dieselben keltischen Sprachwurzeln wie Cymru, der Name von Wales auf Walisisch; beide können mit »Land der Gefährten« übersetzt werden.

Der entscheidende Hinweis, dass das Miteinander zwischen Römern und Kelten nicht ganz so friedlich war, findet sich in der Erbauung des Hadrianswalls.

Denn obwohl die Römer fast 400 Jahre über Britannien herrschten, gelang es den Römern nicht die Kontrolle über die ganze Insel zu erringen. Kaiser Claudius und seine Nachfolger konnten nur den Süden und Osten weitgehend erobern und in ihr Reich eingliedern. Den wilden und unruhigen Stämmen des Nordens hingegen, den Pikten und den keltischen Skoten, war auf Dauer allein mit militärischen Mitteln nicht beizukommen. Auch zu Beginn der Herrschaft Hadrians 117 n. Chr. war Britannien noch immer weit davon entfernt, eine befriedete Provinz zu sein.

Es gibt archäologische Hinweise, dass Britannien zu dieser Zeit in »ständiger Verteidigung stehend« gegen die unabhängigen nördlichen Keltenstämme war. Als 122 n. Chr. Kaiser Hadrian, im Zuge einer Inspektionsreise durch die westlichen Provinzen, auch Britannien besuchte, befahl er den Bau einer großen Wallanlage, um die Römer von den »Barbaren« zu trennen und die Grenze des römischen Reichs eindrucksvoll zu markieren.

Also nix mit »Friede, Freude, Eierkuchen!« in good ol' Britannia!

Glossar

Æthelred II, auch *Æthelred der Unberatene* bzw. *Æthelred der Unfertige*, König des angelsächsischen Königreichs Wessex in England und Herrscher über die übrigen englischen Teilreiche

Angelsachsen Ein germanisches Sammelvolk, hauptsächlich aus Sachsen und Angeln bestehend, die ab dem dritten Jahrhundert das römische England besiedelten.

Asser Anführer der Truppe des Königreiches Brycheiniog

Artorius Lucius Artorius Castus war ein römischer Offizier in Britannien im zweiten Jahrhundert nach Christus; er gilt manchen als Ursprung der Artussage.

Avalon Ein magischer Ort aus der Artussage

Brycheiniog Ein kleines, unabhängiges Königreich in Südwales

Flok Gesandter von König Sigvaldi von Jomsburg; kämpft in England unter Sven Gabelbart

Fyrd Die angelsächsische Miliz, aus den freien Einwohnern Englands bestehend. Diese waren verpflichtet, sich für eine bestimmte Zeit im Jahr für den Kriegsdienst zur Verfügung zu stellen.

Gwenhwyfar, die *»weiße Fee«,* auch Guinevere genannt; der Sage nach die Gattin des *Artorius*

Gratianus General der Schutztruppe des Königreichs Morgannwg

Jarl Ab 375 bis ins Hochmittelalter gebräuchlicher Fürstentitel (= »Earl«) in nordischen Ländern

Jomsburg Burg auf der Ostseeinsel Wollin, soll 935 vom Wikinger Palnatoki von Fünen gegründet worden sein; Heimstatt der Jomskrieger

Jörmungandr Altnordischer Name für die Midgardschlange, eine riesiges Seeungeheuer. Die Midgardschlange umschlingt mit ihrem Leib die Erde.

Knut Jüngster Sohn des Königs *Sven Gabelbart*; ein junger, feinfühliger Mann

Legatus In der römischen Armee die Bezeichnung für einen General

Leif Erikson Taucht in Rückblenden meist als alternder Erzähler auf, der den Kindern von seinen Abenteuern berichtet; gilt als der Entdecker Amerikas.

Lydia Askeladds Mutter; eine walisische Adlige, die von Wolaf geraubt wurde. Angeblich war sie eine Nachfahrin des legendären Artorius.

Morgannwg Ein kleines, unabhängiges Königreich in Südwales

Ragnar Knuts Kindermädchen und Beschützer; ein harter Knochen, der seinem Prinzen aber sehr zugeneigt ist.

Ragnarök ist die Sage von Geschichte und Untergang der Götter.

Sigvaldi Anführer der Joms- / Jomsburg-Krieger

Sven Gabelbart, seit 986 der König Dänemarks. Sven führte einige groß angelegte Invasionen gegen England durch (1003–05, 1006–07, 1009–12 und 1013), in denen er das Danegeld eintrieb. Zuvor hatte der englische König Æthelred II. ein Massaker im Jahre 1002 befohlen, in dem alle dänischen Bewohner Englands getötet werden sollten, wobei auch Gabelbarts Schwester Gunhilde zu Tode kam. Im Jahr 1013 gelang Gabelbart die Eroberung Englands; er vertrieb Æthelred II. in die Normandie.

Thing Öffentliche Versammlung zum Beratschlagen und Beilegen von Streitigkeiten

Thrall Bezeichnung der Wikinger für Sklaven

Thorkell Abtrünniger der Jomskrieger, der momentan auf der Seite der Engländer kämpft. Ein Krieger, den man trotz seiner Verrücktheit nicht unterschätzen sollte.

Tyr In der Edda der Gott des Kampfes und des Sieges

Walhalla Ruheort der in einer Schlacht gefallenen Kämpfer (die sogenannten *Einherjer*), die sich als tapfer erwiesen haben; *Walküren* wählen die tapferen Seelen aus und bringen sie nach Walhalla.

Willibald Priester im Gefolge von Prinz Knut; ein verzweifelter Mann, der sich dem Weine hingibt.

Wolaf Askeladds Vater

CARLSEN MANGA! CHECKLIST

BARFUSS DURCH HIROSHIMA

von Keiji Nakazawa
€ 12,00 (D) / € 12,40 (A)
O Band 2
€ 14,00 (D) / € 14,40 (A)
O Band 1, 3 bis 4

BARRAGE

von Kohei Horikoshi
€ 6,99 (D) / € 7,20 (A)
O Band 1 bis 2
In 2 Bänden abgeschlossen

BATTLE ANGEL ALITA – PERFECT EDITION

von Yukito Kishiro
€ 19,99 (D) / € 20,60 (A)
O Band 1 bis 3
€ 24,99 (D) / € 25,70 (A)
O Band 4
In 4 Bänden abgeschlossen
€ 29,99 (D) / € 30,90 (A)
O Band 4 im Schuber
€ 89,99 (D) / € 92,60 (A)
O Band 1-4 im Schuber

BATTLE ANGEL ALITA – LAST ORDER PERFECT EDITION

von Yukito Kishiro
€ 14,99 (D) / € 15,50 (A)
O 1 bis 3, 5 bis 9
€ 19,99 (D) / € 20,60 (A)
O Band 10
O Band 11 06/21
O Band 12 09/21
€ 16,99 (D) / € 17,50 (A)
O Band 4
In 12 Bänden abgeschlossen
€ 25,00 (D) / € 25,70 (A)
O Band 12 im Schuber mit Extra 09/21
€ 90,00 (D) / € 92,60 (A)
O Bände 1 bis 6 im Schuber mit Extra
€ 99,00 (D) / € 103,20 (A)
O Bände 7 bis 12 im Schuber mit Extra 09/21

BATTLE ANGEL ALITA – MARS CHRONICLE

von Yukito Kishiro
€ 6,95 (D) / € 7,20 (A)
O Band 1 bis 3, 5-6
O Band 7 07/21
€ 10,00 (D) / € 10,30 (A)
O Band 4
Bislang 6 Bände in Japan

ATTACK ON TITAN – DELUXE

von Hajime Isayama
€ 25,00 (D) / € 25,70 (A)
O Band 1 bis 8

ATTACK ON TITAN – INSIDE

von Hajime Isayama
€ 12,90 (D) / € 13,30 (A)
O Einzelband

ATTACK ON TITAN – LOST GIRLS

von Isayama, Seko & Fuji
€ 6,99 (D) / € 7,20 (A)
O Band 1 & 2
In 2 Bänden abgeschlossen

ATTACK ON TITAN – LOST GIRLS (Nippon Novel)

von Hiroshi Seko
€ 9,95 (D) / € 10,30 (A)
O Einzelband

ATTACK ON TITAN – NO REGRETS

von Hajime Isayama
€ 6,95 (D) / € 7,20 (A)
O Band 1 & 2
In 2 Bänden abgeschlossen

ATTACK ON TITAN – NO REGRETS FULL COLOR EDITION

von Hajime Isayama
€ 14,99 (D) / € 15,50 (A)
O Band 1 & 2
In 2 Bänden abgeschlossen

ATTACK ON TITAN – OUTSIDE

von Hajime Isayama
€ 12,90 (D) / € 13,30 (A)
O Einzelband

ATTACK ON TITAN – SHORT PLAY

von Isayama & hounori
€ 8,99 (D) / € 9,30 (A)
O Einzelband

ANONYMOUS NOISE

von Ryoko Fukuyama
€ 5,00 (D) / € 6,20 (A)
O Band 1
€ 6,99 (D) / € 7,20 (A)
O Band 2 bis 17
O Band 18 06/21
In 18 Bänden abgeschlossen

ARTE

von Kei Ohkubo
€ 10,00 (D) / € 10,30 (A)
O Band 1 bis 6
O Band 7 07/21
O Band 8 09/21
Bislang 13 Bände in Japan

ASSASSINATION CLASSROOM

von Yusei Matsui
€ 6,50 (D) / € 6,70 (A)
O Band 1 bis 21
In 21 Bänden abgeschlossen

ATTACK ON TITAN

von Hajime Isayama
€ 6,95 (D) / € 7,20 (A)
O Band 1 bis 32
O Band 33 09/21
In 34 Bänden abgeschlossen
€ 36,00 (D) / € 37,10 (A)
O Bände 1-5 im Schuber
O Bände 6-10 im Schuber
O Bände 11-15 im Schuber
O Bände 16-20 im Schuber
O Bände 21-25 im Schuber
O Bände 26-30 im Schuber

ATTACK ON TITAN – ANSWERS

von Hajime Isayama
€ 12,90 (D) / € 13,30 (A)
O Einzelband

ATTACK ON TITAN – BEFORE THE FALL

von Hajime Isayama
€ 6,95 (D) / € 7,20 (A)
O Band 1 bis 17
In 17 Bänden abgeschlossen

ATTACK ON TITAN CHARACTER GUIDE

von Hajime Isayama
€ 12,90 (D) / € 13,30 (A)
O Einzelband

12 JAHRE

von Nao Maita
€ 5,99 (D) / € 6,20 (A)
O Band 1 bis 14
€ 6,99 (D) / € 7,20 (A)
O Band 15 08/21
In 20 Bänden abgeschlossen

ABE SADA

von Kazuo Kamimura
€ 14,99 (D) / € 15,50 (A)
O Band 1 & 2
In 2 Bänden abgeschlossen

ACID TOWN

von Kyugo
€ 7,95 (D) / € 8,20 (A))
O Band 6
Bislang 6 Bände in Japan

AKIRA – ORIGINAL EDITION

von Katsuhiro Otomo
€ 19,90 (D) / € 20,50 (A)
O Band 1 bis 3
€ 22,90 (D) / € 23,60 (A)
O Band 4 bis 6
In 6 Bänden abgeschlossen

ALICE IN MURDERLAND

von Kaori Yuki
€ 7,95 (D) / € 8,20 (A)
O Band 1 bis 11
In 11 Bänden abgeschlossen

ALISIK

von Helge Vogt
& Hubertus Rufledt
€ 8,99 (D) / € 9,30 (A)
O Band 1
€ 7,99 (D) / € 8,30 (A)
O Band 2 bis 4
In 4 Bänden abgeschlossen

ALPHA² – NEUEDITION

von Kamineo & Kamoi
€ 14,00 (D) / € 14,40 (A)
O Einzelband

ALPI - THE SOUL SENDER

von Rona
€ 7,00 (D) / € 7,20 (A)
O Band 1 07/21
Bislang 4 Bände in Japan

CARLSEN MANGA! CHECKLIST

DOUBT GESAMTAUSGABE
von Yoshiki Tonogai
€ 30,00 (D) / € 30,90 (A)
O **Sammelschuber** 07/21

DRAGON BALL
von Akira Toriyama
€ 6,50 (D) / € 6,70 (A)
O **Band 1 bis 42**
In 42 Bänden abgeschlossen

DRAGON BALL MASSIV
von Akira Toriyama
€ 5,00 (D) / € 5,20 (A)
O **Band 1**
€ 10,00 (D) / € 10,30 (A)
O **Band 2 bis 11**
O **Band 12** 07/21
O **Band 13** 09/21

DRAGON BALL SD
von Akira Toriyama
(Original Story)
& Naho Ohishi
€ 7,95 (D) / € 8,20 (A)
O **Band 1 bis 6**
Bislang 7 Bände in Japan

DRAGON BALL SIDE STORIES
von Akira Toriyama
& dragongarow LEE
€ 5,00 (D) / € 5,20 (A)
O **Yamchu**

DRAGON BALL SUPER
von Toriyama & Toyotarou
€ 6,50 (D) / € 6,70 (A)
O **Band 1 bis 11**
O **Band 12** 06/21
€ 9,99 (D) / € 10,30 (A)
O **Band 5 im Schuber**
O **Band 10 im Schuber**
€ 29,99 (D) / € 30,90 (A)
O **Bände 1-5 im Schuber**
O **Bände 6-10 im Schuber**
Bislang 14 Bände in Japan

DREAMIN' SUN
von Ichigo Takano
€ 6,99 (D) / € 7,20 (A)
O **Band 1 bis 9**
€ 8,99 (D) / € 9,20 (A)
O **Band 10**
In 10 Bänden abgeschlossen

COYOTE
von Ranmaru Zariya
€ 7,99 (D) / € 8,30 (A)
O **Band 1 bis 3**
Bislang 3 Bände in Japan

CROSS ACCOUNT
von Tsunehiro Date
€ 6,99 (D) / € 7,20 (A)
O **Band 1 bis 4**
In 4 Bänden abgeschlossen

DEAD COMPANY
von Yoshiki Tonogai
€ 7,00 (D) / € 7,20 (A)
O **Band 1** 07/21
In 3 Bänden abgeschlossen

DEFENSE DEVIL
von Youn In-Wan
& Yang Kyung-Il
€ 5,95 (D) / € 6,20 (A)
O **Band 1 bis 10**
In 10 Bänden abgeschlossen

DEPTH OF FIELD
von Enjo
€ 8,00 (D) / € 8,30 (A)
O **Band 1 & 2**
In 2 Bänden abgeschlossen

DEVILS & REALIST
von Utako Yukihiro
& Madoka Takadono
€ 6,95 (D) / € 7,20 (A)
O **Band 11 bis 13**
€ 7,95 (D) / € 8,20 (A)
O **Band 14**
€ 8,95 (D) / € 9,20 (A)
O **Band 15**
In 15 Bänden abgeschlossen

DIALOGE MIT MIR SELBST
von Kabi Nagata
€ 18,00 (D) / € 18,50 (A)
O **Band 1 b& 2**
In 2 Bänden abgeschlossen

DIE STADT DER BESONDEREN KINDER
von Ransom Riggs
& Cassandra Jean
€ 14,90 (D) / € 15,40 (A)
O **Einzelband**

BLACK LAGOON
von Rei Hiroe
€ 6,95 (D) / € 7,20 (A)
O **Band 4**
€ 7,95 (D) / € 8,20 (A)
O **Band 1-3, 5 - 8, 10-11**
€ 8,95 (D) / € 9,20 (A)
O **Band 9**
Bislang 11 Bände in Japan

BLOOM INTO YOU
von Nio Naketani
€ 6,99 (D) / € 7,20 (A)
O **Band 1 bis 7**
€ 7,99 (D) / € 8,30 (A)
O **Band 8**
In 8 Bänden abgeschlossen

BLUE FLAG
von Kaito
€ 7,99 (D) / € 8,30 (A)
O **Band 1 bis 7**
In 7 Bänden abgeschlossen

BLUE GIANT
von Shinichi Ishizuka
€ 8,00 (D) / € 8,30 (A)
O **Band 1** 09/21
In 10 Bänden abgeschlossen

BLUE GIANT SUPREME
von Shinichi Ishizuka
€ 8,00 (D) / € 8,30 (A)
O **Band 1 bis 5**
O **Band 6** 08/21
In 11 Bänden abgeschlossen

BORUTO – NARUTO THE NEXT GENERATION
von Kishimoto & Kodachi
€ 6,50 (D) / € 6,70 (A)
O **Band 1 bis 10**
O **Band 11** 07/21
Bislang 13 Bände in Japan

BUDDHA
von Osamu Tezuka
€ 22,90 (D) / € 23,60 (A)
O **Band 1 bis 10**
In 10 Bänden abgeschlossen

CHIISAKOBEE
von Minetaro Mochizuki
€ 14,90 (D) / € 15,40 (A)
O **Band 1 bis 4**
In 4 Bänden abgeschlossen

BECOMING A GIRL ONE DAY
von Akane Ogura
€ 5,99 (D) / € 6,20 (A)
O **Band 1 bis 4**
In 4 Bänden abgeschlossen

BECOMING A GIRL ONE DAY – ANOTHER
von Akane Ogura
€ 5,99 (D) / € 6,20 (A)
O **Band 1 bis 4**
In 4 Bänden abgeschlossen

BILLY BAT
von Naoki Urasawa
& Takashi Nagasaki
€ 8,95 (D) / € 9,20 (A)
O **Band 4-7, 12-16**
€ 12,00 (D) / € 12,40 (A)
O **Band 1-3, 8-11, 17-20**
In 20 Bänden abgeschlossen

BL IS MAGIC!
von Oroken
€ 9,99 (D) / € 10,30 (A)
O **Band 1 bis 3**
In 4 Bänden abgeschlossen
O **BL is magic! Special: Extra Spells** 08/21

BL METAMORPHOSEN – GEHEIMNIS EINER FREUNDSCHAFT
von Kaori Tsurutani
€ 8,00 (D)/ € 8,30 (A)
O **Band 1 bis 3**
O **Band 4** 09/21
In 5 Bänden abgeschlossen

BLACK BUTLER
von Yana Toboso
€ 6,95 (D) / € 7,20 (A)
O **Band 1 bis 29**
O **Band 30** 07/21
€ 10,00 (D)/ € 10,30 (A)
O **Band 30**
Limitierte Ausgabe mit Extra 07/21
€ 14,90 (D) / € 15,40 (A)
O **Character Guide**
Bislang 29 Bände in Japan

CARLSEN MANGA! CHECKLIST

GELIEBTER AFFE
von Yoshihiro Tatsumi
€ 19,90 (D) / € 20,50 (A)
O **Einzelband**

GHOSTLY THINGS
von Ushio Shirotori
€ 7,00 (D) / € 7,20 (A)
O **Band 1**
O **Band 2** 07/21
In 4 Bänden abgeschlossen

HARU x KIYO
von Akira Ozaki
€ 5,00 (D) / € 5,20 (A)
O **Band 1**
€ 7,00 (D)/ €7,20 (A)
O **Band 2 bis 9**
In 9 Bänden abgeschlossen

HE'S MY VAMPIRE
von Aya Shouoto
€ 6,95 (D) / € 7,20 (A)
O **Band 1 bis 10**
In 10 Bänden abgeschlossen

HITOTSUBANA
von Minami
€ 8,00 (D) / € 8,30 (A)
O **Band 1 bis 7**
In 7 Bänden abgeschlossen

HOW TO DRAW MANGA
von Hikaru Hayashi u. a.
€ 9,95 (D) / € 10,30 (A)
O **Manga-Charaktere in Bewegung**
€ 16,90 (D) / € 17,40 (A)
O **Ninja und Samurai**
€ 17,90 (D) / € 18,40 (A)
O **Manga-Figuren entwickeln**
€ 19,90 (D) / € 20,50 (A)
O **Manga-Skizzen zeichnen**
O **Character Design – Tipps und Tricks**
O **Manga aus der richtigen Perspektive**
O **Oberflächen und Strukturen**
O **Manga-Figuren in ihrer Umwelt**
O **Perfekte Proportionen im Manga**
O **Grundlagen der Manga-Kunst**
€ 24,90 (D) / € 25,60 (A)
O **Kolorieren mit Copic-Stiften**
O **Kolorieren mit Aquarellbuntstiften**

FOLGE DEN WOLKEN NACH NORD-NORDWEST
von Aki Irie
€ 12,00 (D) / € 12,40 (A)
O **Band 1 bis 4**
Bislang 5 Bände in Japan

FOOD WARS – SHOKUGEKI NO SOMA
von Tsukuda & Saeki
€ 6,99 (D) / € 7,20 (A)
O **Band 1 bis 31**
O **Band 32** 06/21
O **Band 33** 08/21
In 36 Bänden abgeschlossen
€ 69,90 (D) / € 71,80 (A)
O **Bände 1-10 im Schuber**
O **Bände 11-20 im Schuber**
O **Bände 21-30 im Schuber**

FRUIT BASKET PEARLS
von Natuski Takaya
€ 11,00 (D) / € 11,40 (A)
O **Band 1**
O **Band 2** 06/21
O **Band 3** 08/21
In 12 Bänden abgeschlossen

GAMMA DRACONIS
von Eldo Yoshimizu & Benoist Simmat
€ 16,00 (D) / € 16,50 (A)
O **Einzelband** 07/21

GANGSTA.
von Kohske
€ 7,95 (D) / € 8,20 (A)
O **Band 1 bis 8**
Bislang 8 Bände in Japan

GANGSTA: CURSED.
von Kohske & Kamo
€ 7,99 (D) / € 8,30 (A)
O **Band 1 bis 5**
Bislang 5 Bände in Japan

GEGEN DEN STROM
von Yoshihiro Tatsumi
€ 44,00 (D) / € 44,60 (A)
O **Einzelband**

FAIRY TAIL+
von Hiro Mashima
€ 8,95 (D) / € 9,20 (A)
O **Einzelband**

FAIRY TAIL – HAPPY'S ADVENTURE
von Hiro Mashima & Kenshiro Sakamoto
€ 7,00 (D) / € 7,20 (A)
O **Band 1 bis 4**
O **Band 5** 08/21
In 8 Bänden abgeschlossen

FAIRY TAIL S
von Hiro Mashima
€ 6,99 (D) / € 7,20 (A)
O **Band 1 & 2**
In 2 Bänden abgeschlossen

FAIRY TAIL SIDE STORIES
von Hiro Mashima & Kyota Shibano
€ 6,99 (D) / € 7,20 (A)
O **Band 1 bis 3**
In 3 Bänden abgeschlossen

FAIRY TALE BATTLE ROYALE
von Soraho Ina
€ 7,00 (D) / € 7,20 (A)
O **Band 1 bis 4**
Bislang 4 Bände in Japan

FINAL FANTASY – LOST STRANGER
von Hazuki Minase & Itsuki Kameya
€ 12,99 (D) / € 13,40 (A)
O **Band 1 bis 5**
Bislang 6 Bände in Japan

FINAL FANTASY – OFFICIAL MEMORIAL ULTIMANIA BOOK
von Takatoshi Shiozawa
€ 39,99 (D) / € 41,20 (A)
O **VII - IX**
In 3 Bänden abgeschlossen

FOCUS 10
von Martina Peters
€ 6,99 (D) / € 7,20 (A)
O **Band 1 bis 9**
O **Band 10** 09/21
In 10 Bänden abgeschlossen

DR. STONE
von Inagaki & BOICHI
€ 7,00 (D) / € 7,20 (A)
O **Band 1 bis 11**
O **Band 12** 06/21
O **Band 13** 08/21
Bislang 19 Bände in Japan

DR. STONE REBOOT: BYAKUYA
von Inagaki & BOICHI
€ 7,00 (D) / € 7,20 (A)
O **Einzelband** 07/21

EDENS ZERO
von Hiro Mashima
€ 7,00 (D)/ €7,20 (A)
O **Band 1 bis 9**
O **Band 10** 07/21
€ 10,00 (D) / € 10,30 (A)
O **Band 7 - limitierte Ausgabe**
Bislang 13 Bände in Japan

EXISTENZEN UND ANDERE ABGRÜNDE
von Yoshihiro Tatsumi
€ 19,90 (D) / € 20,50 (A)
O **Einzelband**

FAIRY GIRLS
von Hiro Mashima
€ 6,99 (D) / € 7,20 (A)
O **Band 1 bis 4**
In 4 Bänden abgeschlossen

FAIRY TAIL
von Hiro Mashima
€ 6,50 (D) / € 6,70 (A)
O **Band 1 bis 63**
€ 9,99 (D) / € 10,30 (A)
O **Band 60 limitiert**
In 63 Bänden abgeschlossen

FAIRY TAIL ARTBOOKS
von Hiro Mashima
€ 19,95 (D) / € 20,60 (A)
O **Fantasia**
O **Harvest**

FAIRY TAIL – 100 YEARS QUEST
von Hiro Mashima & Atsuo Ueda
€ 7,00 (D) / € 7,20 (A)
O **Band 1 bis 5**
O **Band 6** 06/21
O **Band 7** 09/21
Bislang 10 Bände in Japan

CARLSEN MANGA! CHECKLIST

LIBERI-PROJEKT, DAS

von Tamasaburo
€ 6,95 (D) / € 7,20 (A)
O Band 1 bis 3
In 3 Bänden abgeschlossen

LIEBHABER, DER

von Kan Takahama
€ 22,00 (D) / € 22,70 (A)
O Einzelband

LITTLE WITCH ACADEMIA

von Sato & Yoshinari
€ 6,99 (D) / € 7,20 (A)
O Band 1 bis 3
In 3 Bänden abgeschlossen

LIQUOR & CIGARETTE

von Ranmaru Zariya
€ 8,00 (D) / € 8,30 (A)
O Einzelband

LUDWIG REVOLUTION GESAMTAUSGABE

von Kaori Yuki
€ 30,00 (D) / € 30,90 (A)
O Sammelschuber 09/21

LUPUS IN FABULA

von Kamineo
€ 7,95 (D) / € 8,20 (A)
O Band 1 bis 3
In 3 Bänden abgeschlossen

MACHIMAHO – MAGICAL GIRL BY ACCIDENT

von Souryu
€ 7,99 (D) / € 8,30 (A)
O Band 1 bis 7
O Band 8 07/21
Bislang 9 Bände in Japan

MAGUS OF THE LIBRARY

von Mitsu Izumi
€ 12,00 (D) / € 12,40 (A)
O Band 1 & 4
€ 14,00 (D) / € 14,40 (A)
O Band 2
€ 16,00 (D) / € 16,50 (A)
O Band 3
Bislang 5 Bände in Japan

KAMISAMA DARLING

von Kyoko Aiba
€ 6,99 (D) / € 7,20 (A)
O Band 1 bis 8
In 8 Bänden abgeschlossen

KATSURA & TORIYAMA SHORT STORIES

von Akira Toriyama
& Masakazu Katsura
€ 6,95 (D) / € 7,20 (A)
O Einzelband

KILLING BITES

von Shinya Murata
& Kazasa Sumita
€ 7,95 (D) / € 8,20 (A)
O Band 1-3, 5-14
€ 10,00 (D) / € 10,30 (A)
O Band 4
Bislang 17 Bände in Japan

KIMI NI NARE – FINDE DICH SELBST

von Ichigo Takano
€ 7,00 (D) / € 7,20 (A)
O Einzelband 07/21

KLEINE KATZE CHI

von Konami Kanata
€ 9,95 (D) / € 10,30 (A)
O Band 1 bis 11
€ 12,00 (D) / € 12,40 (A)
O Band 12
In 12 Bänden abgeschlossen

KOROSENSEI QUEST!

von Yusei Matsui &
Kizuku Watanabe
€ 6,50 (D) / € 6,70 (A)
O Band 1 bis 5
In 5 Bänden abgeschlossen

LADY SNOWBLOOD (NEUEDITION)

von Kazuo Koike
& Kazuo Kamimura
€ 19,99 (D) / € 20,60 (A)
O Band 1 & 2
€ 16,99 (D) / € 17,50 (A)
O Band 3
In 3 Bänden abgeschlossen

LETZTE REISE DER SCHMETTERLINGE, DIE

von Kan Takahama
€ 14,90 (D) / € 15,40 (A)
O Einzelband

IM – GREAT PRIEST IMHOTEP

von Makoto Morishita
€ 6,99 (D) / € 7,20 (A)
O Band 1 bis 10
€ 7,99 (D) / € 8,30 (A)
O Band 11
In 11 Bänden abgeschlossen

IN THIS CORNER OF THE WORLD

von Fumiyo Kouno
€ 12,99 (D) / € 13,40 (A)
O Band 1 bis 3
In 3 Bänden abgeschlossen

ITO, JUNJI

von Shinya Murata
& Kazasa Sumita
€ 24,00 (D) / € 24,70 (A)
O Gyo Deluxe
O Shiver 07/21
€ 28,00 (D) / € 28,80 (A)
O Uzumaki Deluxe

JAPANISCH FÜR MANGA-FANS

von Thora Kerner
& Jin Baron
€ 16,00 (D) / € 16,50 (A)
O Sammelband

JUDGE

von Yoshiki Tonogai
€ 7,95 (D) / € 8,20 (A)
O Band 1 bis 5
€ 8,95 (D) / € 9,20 (A)
O Band 6
In 6 Bänden abgeschlossen

JUMPING

von Asahi Tsutsui
€ 7,00 (D) / € 7,20 (A)
O Band 1 bis 4
In 4 Bänden abgeschlossen

JUNJO ROMANTICA

von Shungiku Nakamura
€ 6,95 (D) / € 7,20 (A)
O Band 9, 11-12, 19-22
O Band 23 06/21
€ 10,00 (D) / € 10,30 (A)
O Band 1-8, 10,13-18
Bislang 25 Bände in Japan

H.P. LOVECRAFT

von Gou Tanabe
€ 12,00 (D) / € 12,40 (A)
O H.P. Lovecrafts Die Farbe aus dem All
O H.P. Lovecrafts Der Hund und andere Geschichten
O H.P. Lovecrafts Der leuchtende Trapezoeder
€ 18,00 (D) / € 18,50 (A)
O H.P. Lovecrafts Berge des Wahnsinns Band 1 bis 2
O H.P. Lovecrafts Cthulhus Ruf 08/21
€ 22,00 (D) / € 22,70 (A)
O H.P. Lovecrafts Der Schatten aus der Zeit

HUNTER X HUNTER

von Yoshihiro Togashi
€ 6,95 (D) / € 7,20 (A)
O Band 1 bis 36
Bislang 36 Bände in Japan

I AM SHERLOCK

von TAKATA & Io
€ 7,00 (D)/ € 7,20 (A)
O Band 1 bis 4
In 4 Bänden abgeschlossen

I HAD THAT SAME DREAM AGAIN

von Yoru Sumino &
Izumi Kirihara
€ 7,00 (D) / € 7,20 (A)
O Band 1 bis 3
In 3 Bänden abgeschlossen

I HEAR THE SUNSPOT

von Yuki Fumino
€ 7,99 (D) / € 8,30 (A)
O Band 1
€ 9,99 (D) / € 10,30 (A)
O Band 2
Bisher 2 Bände in Japan

I HEAR THE SUNSPOT – LIMIT

von Yuki Fumino
€ 7,99 (D) / € 8,30 (A)
O Band 1
€ 8,99 (D) / € 9,30 (A)
O Band 2
€ 9,99 (D) / € 10,30 (A)
O Band 3 07/21
In 3 Bänden abgeschlossen

CARLSEN MANGA! CHECKLIST

NARUTO MASSIV
von Masashi Kishimoto
€ 5,00 (D) / € 5,20 (A)
O **Band 1**
€ 9,99 (D) / € 10,30 (A)
O **Band 2 bis 24**
In 24 Bänden abgeschlossen

NARUTO – THE MOVIE
von Masashi Kishimoto
€ 7,95 (D) / € 8,20 (A)
O **Geheimmission im Land des ewigen Schnees Band 1 & 2**
O **Die Legende des Steins Gelel Band 1 & 2**
O **Sondermission im Land des Mondes 1 & 2**

NARUTO – THE MOVIE: SHIPPUDEN
von Masashi Kishimoto
€ 12,95 (D) / € 13,40 (A)
O **Naruto - The Movie: Shippuden**
O **Naruto - The Movie: Shippuden-Fesseln**
O **Naruto - The Movie: Shippuden - Die Erben des Willens des Feuers**
O **Naruto - The Movie: Shippuden - Lost Tower**

NEON GENESIS EVANGELION
von Gainax & Yoshiyuki Sadamoto
€ 6,95 (D) / € 7,20 (A)
O **Band 1 bis 14**
In 14 Bänden abgeschlossen

NO EXIT
von Haruhi Seta
€ 6,99 (D) / € 7,20 (A)
O **Band 1 bis 13**
In 14 Bänden abgeschlossen

OKITENEMURU
von Hitori Renda
€ 7,99 (D) / € 8,20 (A)
O **Band 9**
In 9 Bänden abgeschlossen

OLD BOY
von Tsuchiya Garon & Minegishi Nobuaki
€ 12,00 (D) / € 12,40 (A)
O **Band 1 bis 4**
In 4 Bänden abgeschlossen

MURCIÉLAGO
von Yoshimura Kana
€ 7,99 (D) / € 8,30 (A)
O **Band 1 bis 14**
O **Band 15** 06/21
Bislang 17 Bände in Japan

MY HERO ACADEMIA
von Kohei Horikoshi
€ 6,99 (D) / € 7,20 (A)
O **Band 1 bis 27**
O **Band 28** 08/21
Bislang 30 Bände in Japan
€ 10,00 (D) / € 10,30 (A)
O **My Hero Academia - Ultra Archive**
€ 12,99 (D) / € 13,40 (A)
O **My Hero Academia - Ultra Analysis**

MY HERO ACADEMIA SMASH
von Kohei Horikoshi & Hirofumi Neda
€ 5,00 (D) / € 5,20 (A)
O **Band 1 bis 5**
Bislang 5 Bände in Japan

MY HERO ACADEMIA TEAM UP MISSION
von Kohei Horikoshi & Yoko Akiyama
€ 7,00 (D) / € 7,20 (A)
O **Band 1**
Bisher 2 Bände in Japan

MY ROOMMATE IS A CAT
von Tsunami Minatsuki & Asu Futatsuya
€ 7,00 (D) / € 7,20 (A)
O **Band 1 bis 4**
O **Band 5** 06/21
O **Band 6** 09/21
Bislang 7 Bände in Japan

MY SECRET WHICH I CANNOT TELL YOU
von Kyoko Aiba
€ 6,99 (D) / € 7,20 (A)
O **Einzelband**

NARUTO
von Masashi Kishimoto
€ 6,50 (D) / € 6,70 (A)
O **Band 1 bis 72**
In 72 Bänden abgeschlossen
O **Der siebte Hokage und der scharlachrote Frühling**

MERMAID PRINCE
von Kaori Ozaki
€ 8,00 (D) / € 8,30 (A)
O **Einzelband**

MOB PSYCHO 100
von ONE
€ 6,66 (D) / € 6,90 (A)
O **Band 1 bis 15**
€ 7,77 (D) / € 8,00 (A)
O **Band 16**
In 16 Bänden abgeschlossen

MONSTER – PERFECT EDITION
von Naoki Urasawa
€ 20,00 (D) / € 20,60 (A)
O **Band 1 bis 8**
€ 24,00 (D) / € 24,70 (A)
O **Band 9** 08/21
In 9 Bänden abgeschlossen

MORIARTY THE PATRIOT
von Takeuchi & Miyoshi
€ 9,99 (D) / € 10,30 (A)
O **Band 1 bis 9**
O **Band 10** 06/21
O **Band 11** 08/21
Bislang 13 Bände in Japan
€ 16,00 (D) / € 16,50 (A)
O **Band 10 mit Extra – limitierte Auflage** 06/21
€ 99,00 (D) / € 101,80 (A)
O **Band 1 bis 10 im Sammelschuber – limitierte Auflage** 06/21

MOTHER'S SPIRIT
von Enzo
€ 7,99 (D) / € 8,30 (A)
O **Band 1 & 2**
Bislang 2 Bände in Japan

MOTOKARE RETRY
von En Hanaya
€ 6,99 (D) / € 7,20 (A)
O **Band 1 bis 7**
In 7 Bänden abgeschlossen

MOVING FORWARD
von Nagamu Nanaji
€ 5,00 (D) / € 5,20 (A)
O **Band 1**
€ 7,00 (D) / € 7,20 (A)
O **Band 2 bis 7**
O **Band 8** 08/21
In 11 Bänden abgeschlossen

MAID-SAMA
von Hiro Fujiwara
€ 5,95 (D) / € 6,20 (A)
O **Band 1 bis 18**
In 18 Bänden abgeschlossen
O **Maid-sama Marriage**

MANGA LOVE STORY
von Katsu Aki
€ 6,95 (D) / € 7,20 (A)
O **Band 70 bis 76**
Bislang 81 Bände in Japan

MANGA-ZEICHENSTUDIO
von Kaneda Koubou u.a.
€ 19,90 (D) / € 20,50 (A)
O **Hände und Füße**
O **Gesichter und Emotionen**
O **Manga Master Book**
O **Mädchen in coolen Posen**
O **Emotionen und Mimik ausdrucksstark zeichnen**
O **Manga Basics**
O **Figuren & Hintergründe**
€ 20,00 (D) / € 20,60 (A)
O **Charmante Charaktere**
€ 24,90 (D) / € 25,60 (A)
O **Spannende Geschichten erzählen**

MANN MEINES BRUDERS, DER
von Gengoroh Tagame
€ 10,00 (D) / € 10,30 (A)
O **Band 1 bis 4**
In 4 Bänden abgeschlossen

MASHIMA HERO'S
von Hiro Mashima
€ 7,00 (D) / € 7,20 (A)
O **Einzelband**
€ 10,00 (D) / € 10,30 (A)
O **Einzelband Limitierte Edition**

MEINE LESBISCHE ERFAHRUNG MIT EINSAMKEIT
von Kabi Nagata
€ 15,00 (D) / € 15,50 (A)
O **Einzelband**

MELANCHOLISCHER MORGEN, EIN
von Shoko Hidaka
€ 9,95 (D) / € 10,30 (A)
O **Band 8**
In 8 Bänden abgeschlossen

CARLSEN MANGA! CHECKLIST

ROSEN BLOOD

von Kachiru Ichizue
€ 10,00 (D) / € 10,30 (A)
O **Band 1**
O **Band 2** 07/21
Bisher 3 Bände in Japan

RYUKO

von Eldo Yoshimizu
€ 14,99 (D) / € 15,50 (A)
O **Band 1 & 2**
In 2 Bänden abgeschlossen

SACRIFICE TO THE KING OF BEASTS

von Yu Tomofuji
€ 6,99 (D) / € 7,20 (A)
O **Band 1 bis 11**
O **Band 12** 06/21
O **Band 13** 09/21
In 15 Bänden abgeschlossen

SAKURA – I WANT TO EAT YOUR PANCREAS

von Yoru Sumino
€ 7,99 (D) / € 8,20 (A)
O **Band 1 & 2**
In 2 Bänden abgeschlossen

SAKURA DREAMS BUCH UND TERMIN-KALENDER 2022

von Melanie Schober
€ 10,00 (D) / € 10,10 (A)
O **Kalender** 06/21

SAMURAI8

von Masashi Kishimoto & Akira Okubo
€ 7,00 (D) / € 7,20 (A)
O **Band 1 bis 5**
In 5 Bänden abgeschlossen

SANTA MARIA HEARTLAND

von Rise Torio
€ 8,50 (D) / € 8,80 (A)
O **Einzelband**

SARABA, YOKI HI – SOLANGE WIR ZUSAMMEN SIND

von Yuki Akaneda
€ 7,00 (D) / € 7,20 (A)
O **Band 1**
O **Band 2** 08/21
Bisher 6 Bände in Japan

PLUTO: URASAWA X TEZUKA

von Tezuka, Urasawa & Nagasaki
€ 14,90 (D) / € 15,30 (A)
O **Band 1-3, 6-7**
€ 12,90 (D) / € 13,30 (A)
O **Band 4-5**
€ 16,90 (D) / € 17,40 (A)
O **Band 8**
In 8 Bänden abgeschlossen

POISON CITY

von Tetsuya Tsutsui
€ 7,99 (D) / € 8,30 (A)
O **Band 1 & 2**
In 2 Bänden abgeschlossen

PONE – POSUKA DEMIZU ARTBOOK

von Posuka Demizu
€ 20,00 (D) / € 20,60 (A)
O **Artbook**

Q (KU)

von Tatsuya Shihira
€ 7,99 (D) / € 8,30 (A)
O **Band 1 bis 3**
€ 8,99 (D) / € 9,30 (A)
O **Band 4**
In 4 Bänden abgeschlossen

REAKTOR 1F – EIN BERICHT AUS FUKUSHIMA

von Kazuto Tatsuta
€ 12,99 (D) / € 13,40 (A)
O **Band 1 bis 3**
In 3 Bänden abgeschlossen

RENTAL GIRLFRIEND

von Reiji Miyajima
€ 7,00 (D) / € 7,20 (A)
O **Band 1 bis 8**
O **Band 9** 07/21
O **Band 10** 09/21
Bislang 16 Bände in Japan

REQUIEM OF THE ROSE KING

von Aya Kanno
€ 9,99 (D) / € 10,30 (A)
O **Band 1 bis 12**
O **Band 13** 08/21
Bislang 14 Bände in Japan

OUR SUMMER HOLIDAY

von Kaori Ozaki
€ 7,99 (D) / € 8,30 (A)
O **Einzelband**

OVERLORD

von Maruyama & Miyama
€ 6,99 (D) / 7,20 (A)
O **Band 1 bis 12**
€ 7,99 (D) / € 8,30 (A)
O **Band 13**
O **Band 14** 09/21
Bislang 15 Bände in Japan

OVERLORD Official Comic À La Carte Anthology

von Kugane Maruyama, diverse
€ 7,00 (D) / € 7,20 (A)
O **Band 1 bis 3**
Bislang 3 Bände in Japan

PANDORAHEARTS

von Jun Mochizuki
€ 6,95 (D) / € 7,20 (A)
O **Band 1, 5-6, 10-15, 17, 19**
€ 7,95 (D) / € 8,20 (A)
O **Band 18**
€ 8,95 (D) / € 9,20 (A)
O **Band 22**
€ 10,00 (D) / € 10,30 (A)
O **Band 2-4, 7-9, 16, 20-21, 23**
€ 14,00 (D) / € 14,40 (A)
O **Band 24**
In 24 Bänden abgeschlossen

PERSONAL PARADISE NEUEDITION

von Melanie Schober
€ 6,99 (D) / € 7,20 (A)
O **Band 1 bis 7**
O **Brave Brother 1.0**
lim. Ausgabe mit Schuber

PLEASE LOVE ME

von Aya Nakahara
€ 5,00 (D) / € 5,20 (A)
O **Band 1**
€ 7,00 (D) / € 7,20 (A)
O **Band 2 bis 8**
O **Band 9** 06/21
O **Band 10** 09/21
In 10 Bänden abgeschlossen

ONE PIECE

von Eiichiro Oda
€ 6,50 (D) / € 6,70 (A)
O **Band 1 bis 97**
O **Band 98** 09/21
Bislang 99 Bände in Japan

ONE PIECE: FLUCH DES HEILIGEN SCHWERTS

von Eiichiro Oda
€ 7,95 (D) / € 8,20 (A)
O **Band 1 & 2**
In 2 Bänden abgeschlossen

ONE PIECE PARTY

von Andoh & Oda
€ 6,50 (D) / € 6,70 (A)
O **Band 1 bis 6**
Bislang 6 Bände in Japan

ONE PIECE – SANJIS LECKERE PIRATENREZEPTE

von Eiichiro Oda
€ 24,90 (D) / € 25,60 (A)
O **Kochbuch**

ONE PIECE QUIZ BOOK

von Eiichiro Oda
€ 14,00 (D) / € 14,40 (A)
O **Einzelband**

ONE PIECE Z

von Eiichiro Oda
€ 9,95 (D) / € 10,20 (A)
O **Band 1 & 2**
In 2 Bänden abgeschlossen

ONE WEEK FRIENDS

von Matcha Hazuki
€ 6,99 (D) / € 7,20 (A)
O **Band 1 bis 7**
In 7 Bänden abgeschlossen

OPUS

von Satoshi Kon
€ 14,90 (D) / € 15,40 (A)
O **Band 1 & 2**
In 2 Bänden abgeschlossen

ORANGE

von Ichigo Takano
€ 7,99 (D) / € 8,30 (A)
O **Band 1 bis 6**
Bislang 6 Bände in Japan

CARLSEN MANGA! CHECKLIST

SUPER DRAGON BALL HEROES UNIVERSE MISSION
von Yoshitaka Nagayama
€ 6,50 (D) / € 6,70 (A)
O **Band 1**
O **Band 2** 08/21
Bislang 2 Bände in Japan

TAKANE UND HANA
von Yuki Shiwasu
€ 5,00 (D) / € 5,20 (A)
O **Band 1**
€ 6,99 (D) / € 7,20 (A)
O **Band 2 bis 14**
O **Band 15** 07/21
In 18 Bänden abgeschlossen

TANIGUCHI, JIRO
von Jiro Taniguchi
€ 12,90 (D) / € 13,30 (A)
O **Der Gourmet 2**
€ 14,90 (D) / € 15,40 (A)
O **Der Gourmet**
€ 16,00 (D) / € 16,50 (A)
O **Der Kartograph**
O **Die Schrift des Windes**
€ 16,90 (D) / € 17,40 (A)
O **Ihr Name war Tomoji**
€ 20,00 (D) / € 20,60 (A)
O **Im Jahrtausendwald**
€ 22,00 (D) / € 22,70 (A)
O **Unruhige Geister und stille Gefährten**
€ 25,00 (D) / € 25,70 (A)
O **Der spazierende Mann (erw. Neuausgabe)**
€ 28,00 (D) / € 28,80 (A)
O **Der Himmel ist blau, die Erde ist weiß – Gesamtausgabe**

TEMPEST CURSE
von Martina Peters
€ 6,95 (D) / € 7,20 (A)
O **Band 1 bis 3**
In 3 Bänden abeschlossen

THE ART OF SPLATOON
von Nintendo
€ 40,00 (D) / € 41,20 (A)
O **Artbook**

THE BOOK OF LIST - GRIMM'S MAGICAL ITEMS
von Izuco Fujiya
€ 6,95 (D) / € 7,20 (A)
O **Band 1 bis 5**
€ 8,95 (D) / € 9,20 (A)
O **Band 6**
In 6 Bänden abeschlossen

SOUL EATER MASSIV
von Atsushi Ohkubo
€ 5,00 (D) / € 5,20 (A)
O **Band 1**
€ 8,00 (D) / € 8,30 (A)
O **Band 2 bis 4**
O **Band 5** 06/21
O **Band 6** 08/21
In 12 Bänden abgeschlossen

SOUL EATER GUIDE BOOK
von Atsushi Ohkubo
€ 8,95 (D) / € 9,20 (A)
O **Einzelband**

SOUL EATER SOUL ART
von Atsushi Ohkubo
€ 24,90 (D) / € 25,60 (A)
O **Band 2**

SPLATOON
von Sankichi Hinodeya
€ 6,99 (D) / € 7,20 (A)
O **Band 1 bis 10**
O **Band 11** 07/21
Bislang 13 Bände in Japan

STILLE WASSER
von Kan Takahama
€ 16,90 (D) / € 17,40 (A)
O **Einzelband**

SUNNY
von Taiyo Matsumoto
€ 16,00 (D) / € 16,50 (A)
O **Band 1 & 2**
O **Band 3** 07/21
In 6 Bänden abgeschlossen

SÜSSE KATZE CHI: CHI'S SWEET ADVENTURES
von Konami Kanata & Kinoko Natsume
€ 8,00 (D) / € 8,30 (A)
O **Band 1 bis 4**
In 4 Bänden abgeschlossen

SUPER DRAGON BALL HEROES
von Yoshitaka Nagayama
€ 6,50 (D) / € 6,70 (A)
O **Band 1 bis 3**
Bislang 3 Bände in Japan

SHERLOCK
von Jay, Gatiss & Moffat
€ 12,99 (D) / € 13,40 (A)
O **Band 1, 2 und 4**
€ 14,99 (D) / € 15,50 (A)
O **Band 3**
€ 39,99 (D) / € 41,20 (A)
O **Band 1 bis 3 im Schuber**
Bislang 4 Bände in Japan

SHIBA – EIN HUND ZUM VERLIEBEN
von Mayumi Muroyama
€ 7,00 (D) / € 7,20 (A)
O **Einzelband**

SHIKIGAMI
von Yasaiko Midorihana
€ 10,00 (D) / € 10,30 (A)
O **Einzelband**

SKETCH EVERY DAY
von Simone Grünewald
€ 20,00 (D) / € 20,60 (A)
O **Zeichenbuch**

SKIP BEAT!
von Yoshiki Nakamura
€ 6,95 (D) / € 7,20 (A)
O **Band 1-8, 10-17, 19-21, 24-33, 35-37, 41-45**
€ 8,00 (D) / € 8,30 (A)
O **Band 9, 18, 22-23, 34, 38-40**
Bislang 45 Bände in Japan

SKULL PARTY
von Melanie Schober
€ 6,95 (D) / € 7,20 (A)
O **Band 1 bis 4**
In 4 Bänden abgeschlossen

SNACK WORLD
von Level-5, & sho.t
€ 7,00 (D) / € 7,20 (A)
O **Band 1 & 2**
In 2 Bänden abgeschlossen

SOUL EATER
von Atsushi Ohkubo
€ 6,50 (D) / € 6,70 (A)
O **Band 2, 4, 6-11, 13-18 & 24**
€ 7,95 (D) / € 8,20 (A)
O **Band 25**
In 25 Bänden abgeschlossen

SCHATTENARIE
von Zofia Garden & Anne Delseit
€ 6,95 (D) / € 7,20 (A)
O **Band 1 & 2**
In 2 Bänden abgeschlossen

SCHNEEBALLEN
von Inga Steinmetz
€ 12,00 (D) / € 12,40 (A)
O **Schneeballens Fall**
€ 14,00 (D) / € 14,40 (A)
O **Schneeballen – Verliebt in Japan**

SCHOKOHEXE, DIE
von Rino Mizuho
€ 6,50 (D) / € 6,70 (A)
O **Band 1-3, 5-7, 10-17**
O **Band 18** 07/21
€ 10,00 (D) / € 10,30 (A)
O **Band 4, 8-9**
Bislang 20 Bände in Japan

SEARCH AND DESTROY
von Osamu Tezuka & Atsushi Kaneko
€ 15,00 (D) / € 15,50 (A)
O **Band 1 & 2**
€ 18,00 (D) / € 18,50 (A)
O **Band 3** 09/21
In 3 Bänden abgeschlossen

SEKAIICHI HATSUKOI
von Shungiku Nakamura
€ 6,95 (D) / € 7,20 (A)
O **Band 1, 3, 8-12**
€ 10,00 (D) / € 10,30 (A)
O **Band 2-7**
€ 6,95 (D / € 7,20 (A)
O **Band 13** 06/21
Bislang 15 Bände in Japan

SEVEN DEADLY SINS
von Suzuki Nakaba
€ 6,50 (D) / € 6,70 (A)
O **Band 1 bis 37**
O **Band 38** 07/21
O **Band 39** 09/21
In 41 Bänden abgeschlossen

CARLSEN MANGA! CHECKLIST

YAMADA-KUN AND THE SEVEN WITCHES
von Miki Yoshikawa
€ 5,95 (D) / € 6,20 (A)
O **Band 1-5, 7-8, 10-17, 19-28**
€ 10,00 (D) / € 10,30 (A)
O **Band 6, 9, 18**
In 28 Bänden abgeschlossen

YOKOHAMA STATION FABLE
von Gonbe Shinkawa & Yuba Isukari
€ 8,00 (D) / € 8,30 (A)
O **Band 1** 06/21
In 3 Bänden abgeschlossen

YUNAS REISE ZUM ICH ODER MY SEX CHANGE EXPERIENCEE
von Yuna Hirasawa
€ 10,00 (D) / € 10,30 (A)
O **Einzelband** 08/21

ZWEI ESPRESSO
von Kan Takahama
€ 12,90 (D) / € 13,30 (A)
O **Einzelband**

ZOMBIE 100 - BUCKET LIST OF DEAD
von Makoto Yukimura
€ 7,00 (D) / € 7,20 (A)
O **Band 1**
O **Band 2** 08/21
Bisher 7 Bände in Japan

VIGILANTE – MY HERO ACADEMIA ILLEGALS
von Horikoshi, Furuhashi & Court
€ 6,99 (D) / € 7,20 (A)
O **Band 1 bis 8**
O **Band 9** 06/21
Bislang 11 Bände in Japan

VINLAND SAGA
von Makoto Yukimura
€ 7,95 (D) / € 8,20 (A)
O **Band 1 bis 23**
O **Band 24** 09/21
Bislang 25 Bände in Japan

WALKINDER, DIE
von Abi Umeda
€ 6,99 (D) / € 7,20 (A)
O **Band 1 bis 14**
O **Band 15** 07/21
Bislang 18 Bände in Japan

WEEKLY SHONEN HITMAN
von Kouji Seo
€ 7,00 (D) / € 7,20 (A)
O **Band 1 bis 3**
O **Band 4** 06/21
O **Band 5** 08/21
Bislang 13 Bände in Japan

WER BIST DU ZUR BLAUEN STUNDE
von Yuhki Kamatani
€ 10,00 (D) / € 10,30 (A)
O **Band 1 bis 3**
€ 12,00 (D) / € 12,40 (A)
O **Band 4**
In 4 Bänden abgeschlossen

WET MOON
von Atsushi Kaneko
€ 19,90 (D) / € 20,50 (A)
O **Band 1 & 2**
€ 24,90 (D) / € 25,60 (A)
O **Band 3**
In 3 Bänden abgeschlossen

YAKUZA GOES HAUSMANN
von Kousuke Oono
€ 7,50 (D) / € 7,80 (A)
O **Band 1 bis 4**
O **Band 5** 06/21
Bislang 6 Bände in Japan

3/11 – TAGEBUCH NACH FUKUSHIMA
von Yuko Ichimura & Tim Rittmann
€ 12,90 (D) / € 13,30 (A)
O **Einzelband**

TO THE ABANDONED SACRED BEASTS
von Maybe
€ 6,99 (D) / € 7,20 (A)
O **Band 1 bis 9**
€ 7,99 (D) / € 8,30 (A)
O **Band 10**
O **Band 11** 09/21
Bislang 12 Bände in Japan

TORIYAMA SHORT STORIES
von Akira Toriyama
€ 5,95 (D) / € 6,20 (A)
O **Band 2 bis 4, 7**
€ 6,95 (D) / € 7,20 (A)
O **Band 6**
€ 7,95 (D) / € 8,20 (A)
O **Band 5**
Bislang 8 Bände in Japan

TRIAGE X
von Shouji Sato
€ 6,95 (D) / € 7,20 (A)
O **Band 1 bis 5**
€ 7,95 (D) / € 8,20 (A)
O **Band 6 bis 20**
O **Band 21** 09/21
Bislang 22 Bände in Japan

UNLUCKY YOUNG MEN
von Fujiwara & Otsuka
€ 19,90 (D) / € 20,50 (A)
O **Band 1 & 2**
In 2 Bänden abgeschlossen

UNSERE FARBEN
von Gengoroh Tagame
€ 10,00 (D) / € 10,30 (A)
O **Band 1 & 2**
O **Band 3** 06/21
In 3 Bänden abgeschlossen

VAMPIRE KNIGHT – MEMORIES
von Matsuri Hino
€ 6,99 (D) / € 7,20 (A)
O **Band 1 bis 5**
Bislang 6 Bände in Japan

THE CASE STUDY OF VANITAS
von Jun Mochizuki
€ 7,99 (D) / € 8,30 (A)
O **Band 1 bis 8**
Bislang 9 Bände in Japan

THE DEMON PRINCE
von Aya Shouoto
€ 6,95 (D) / € 7,20 (A)
O **Band 1 bis 16**
In 16 Bänden abgeschlossen

THE GOLDEN SHEEP
von Kaori Ozaki
€(D) 8,00 / €(A) 8,30
O **Band 1 bis 3**
In 3 Bänden abgeschlossen

THE HEROIC LEGEND OF ARSLAN
von Yoshiki Tanaka
€ 6,99 (D) / € 7,20 (A)
O **Band 1 bis 12**
O **Band 13** 09/21
Bislang 13 Bände in Japan
€ 7,50 (D) / € 7,80 (A)
O **Doppelpack 1+2**

THE KILLER INSIDE
von Hajime Inoryu & Shota Ito
€ 7,50 (D) / € 7,80 (A)
O **Band 1** 08/21
Bislang 9 Bände in Japan

THE PROMISED NEVERLAND
von Shirai & Demizu
€ 6,99 (D) / € 7,20 (A)
O **Band 1 bis 17**
O **Band 18** 06/21
O **Band 19** 09/21
In 20 Bänden abgeschlossen

THE ROYAL TUTOR
von Higasa Akai
€ 6,99 (D) / € 7,20 (A)
O **Band 1 bis 13**
O **Band 14** 09/21
Bislang 16 Bände in Japan
€ 7,50 (D) / € 7,80 (A)
O **Doppelpack 1+2**

HALT!

Dieser Comic beginnt nicht auf dieser Seite.

VINLAND SAGA ist ein japanischer Comic. Da in Japan von »hinten« nach »vorn« gelesen wird und von rechts nach links, müsst Ihr auch diesen Comic auf der anderen Seite aufschlagen und von »hinten« nach »vorn« blättern. Auch die Bilder und Sprechblasen werden von rechts oben nach links unten gelesen, so wie es die Grafik hier zeigt. Schwer? Zuerst ungewohnt, aber dann geht es ganz einfach. Probiert es aus!

Viel Spaß mit VINLAND SAGA

CARLSEN MANGA! NEWS
Jeden Monat neu per E-Mail
www.carlsenmanga.de
www.carlsen.de

CARLSEN MANGA • Deutsche Ausgabe/German Edition © 2015 Carlsen Verlag GmbH, Völckersstraße 14-20, 22765 Hamburg • Aus dem Japanischen von Hirofumi Yamada VINLAND SAGA – volume 5 • © 2007 Makoto Yukimura All rights reserved • First published in Japan in 2007 by Kodansha Ltd., Tokyo • Publication rights for this German edition arranged through Kodansha Ltd., Tokyo • Redaktion: Britta Hellwig • Textbearbeitung: Marcel Le Comte Lettering: Gerd Zimmer • Herstellung:Karen Kollmetz • Alle deutschen Rechte vorbehalten • ISBN 978-3-551-75846-0 Bei Fragen zum Produkt: carlsen.de/kontakt